TIBET

Giuseppe Ripa

TIBET

CHARTA

Progetto grafico / Design
Gabriele Nason
with Daniela Meda

Coordinamento redazionale
Editorial Coordination
Filomena Moscatelli

Redazione / Editing
Sergio Di Stefano
Charles Gute

Traduzione / Translation
Emily Ligniti

Copy e Ufficio stampa
Copywriting and Press Office
Silvia Palombi Arte&Mostre, Milano

Grafica Web e promozione on-line
Web Design and Online Promotion
Barbara Bonacina

Copertina / Cover
Monastero di Labrang (Ch. Xiahe) / Labrang
Monastery (Ch. Xiahe)
Amdo, Tibet orientale / eastern Tibet, 2000

Retro di copertina / Back Cover
Mahakala, divinità protettrice degli insegnamenti
buddisti, cappella tantrica del monastero Gelupka
di Drango (Ch. Luhuo) / Mahakala, goddess and
protectress of Buddhist teachings, Gelupka
Monastery tantric chapel in Drango (Ch. Luhuo)
Kham, Tibet orientale / eastern Tibet, 2000

© 2006
Edizioni Charta, Milano

© Giuseppe Ripa per le fotografie / for his
photographs

© Gli autori per i testi / the authors for their texts

ISBN 88-8158-614-2

Edizioni Charta
via della Moscova, 27
20121 Milano
Tel. +39-026598098/026598200
Fax +39-026598577
e-mail: edcharta@tin.it
www.chartaartbooks.it

Printed in Italy

Tibet

mostra fotografica di / photo exhibition by Giuseppe Ripa
Trento, Sala del Consiglio Regionale
20 maggio / May - 9 giugno / June 2006
Bolzano, a cura del / curated by the Consiglio Regionale del Trentino-Alto Adige Südtirol
autunno / fall 2006

un'iniziativa del / an initiative of the
Consiglio Regionale del Trentino-Alto Adige Südtirol
e della / and of the
Regione Autonoma Trentino-Alto Adige Südtirol

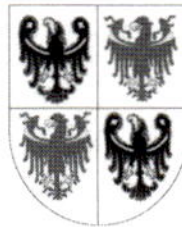

a sostegno della lotta per la libertà del popolo tibetano
e dedicata alla sua guida spirituale e politica Tenzin Gyatso, il 14° Dalai Lama
in support of the Tibetan fight for freedom
and dedicated to its spiritual and political guide Tenzin Gyatso, the 14th Dalai Lama

Si ringrazia per la collaborazione l'Associazione Italia-Tibet
Thanks to the Associazione Italia-Tibet for its collaboration

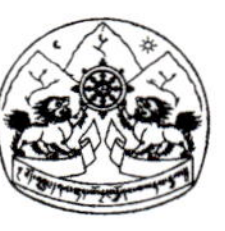

བཀའ་བློན་ཁྲི་པ་ཟམ་གདོང་སྤྲི་བཟང་བསྟན་འཛིན།

PROF. SAMDHONG RINPOCHE
Kalon Tripa

KASHAG

Ho appreso con piacere che tra qualche giorno a Trento sarà inaugurata una mostra fotografica dedicata al viaggio in Tibet di Giuseppe Ripa e che tale mostra si trasferirà poi a Bolzano. Ritengo che questo evento contribuirà a informare meglio gli italiani sullo stile di vita, le tradizioni e la cultura dei tibetani, mostrando loro il Tibet nel suo splendore, così come lo ha fotografato Giuseppe: nei suoi paesaggi mozzafiato, nei suoi festival vibranti di vita e negli aspetti della realtà quotidiana.
Solo una breve introduzione per coloro che non dispongono di informazioni approfondite: il Tibet detiene un ricco patrimonio di conoscenze profonde in gran parte originate dalla sua religione. In seguito ai tragici eventi del 1959, più di 100.000 tibetani fuggirono dalla loro terra natia e si rifugiarono in esilio in Nepal, Butan e principalmente in India. Con grandi sforzi e anni di duro lavoro hanno ricostruito le loro comunità e la loro identità religiosa e culturale nella diaspora. Coloro che sono rimasti in Tibet hanno combattuto duramente e lottano tuttora per poter praticare il loro credo e difendere le loro tradizioni.
L'opera poetica ed evocativa di Giuseppe Ripa ci offre la possibilità di apprezzare la ricca e profonda civiltà tibetana, che purtroppo è gravemente minacciata, e di comprendere meglio il suo contributo al patrimonio spirituale di tutta l'umanità.
Approfitto di questa occasione per ringraziare l'organizzatore di questa mostra fotografica e Giuseppe Ripa. Auguro a questa mostra un grande successo.

I was pleased to learn that a photo exhibition of Mr. Giuseppe Ripa's journey into Tibet will shortly be unveiled in Trento, and will then travel to Bolzano. I believe this exhibition will reach out to Italian people by better informing them about the way of life, the traditional and cultural identity of Tibetans, and the beauty of our country, as Mr. Giuseppe has immortalized with his shots breathtaking landscapes, vibrant festivals, and stark realities of life.
Tibet possesses a rich heritage and profound knowledge, mostly derived from its religion. After the tragic events of 1959, more than 100,000 Tibetans fled their homeland to find refuge in exile in Nepal, Bhutan, and mainly in India. With great effort and hard work, they rebuilt their communities and their religious and cultural identity in Diaspora. Those who stayed in Tibet have struggled hard and still struggle to be able to practice their faith and to defend their traditions.
This inspiring and poetic work of Giuseppe Ripa gives us an opportunity to better appreciate the rich and profound Tibetan civilization, which unfortunately is gravely threatened, and to better understand its contribution to the spiritual heritage of all humanity.
I take this opportunity to thank the organizers of this photo exhibition and Mr. Giuseppe Ripa. And I wish this exhibition much success.

Samdhong Rinpoche
Kalon Tripa (Primo Ministro del Governo tibetano in esilio / Prime Minister of the Tibetan Government in Exile)
Dharamsala, 3 maggio / May 3, 2006

Il Consiglio regionale e la Regione autonoma del Trentino-Alto Adige sono vicini al popolo tibetano e alla loro guida, politica e spirituale, il Dalai Lama, messaggero universale di pace e di speranza.
Più volte il Dalai Lama, membri del governo e del parlamento tibetano in esilio, monaci, artisti, donne e uomini tibetani, in lotta per difendere i loro diritti, sono stati accolti nella nostra Regione che, per la propria storia e per la speciale autonomia, è impegnata a difendere le minoranze oppresse.
Il 1° agosto 2005 il Consiglio Regionale si è riunito alla presenza del Dalai Lama per ribadire gli impegni assunti, primo tra questi quello politico di sostegno alla causa del popolo tibetano, con la denuncia delle violazioni dei diritti umani in Tibet.
Ha fatto poi appello alle istituzioni nazionali e internazionali affinché cessi la repressione e il dialogo tra la Cina e il governo tibetano in esilio porti a risultati concreti che migliorino le condizioni di vita dei tibetani.
La Regione e il Consiglio Regionale, insieme alle Province autonome di Trento e Bolzano e alle organizzazioni non governative, hanno promosso, sul piano umanitario, progetti di cooperazione che riguardano le popolazioni del Tibet e i profughi tibetani, e hanno organizzato manifestazioni per favorire la conoscenza e la diffusione della cultura, delle tradizioni, dei saperi e della spiritualità dei tibetani.
Oltre l'impegno, è stata offerta al Dalai Lama anche la possibilità di conoscere la storia e la realtà della autonomia regionale, come riferimento per una possibile soluzione che faccia cessare l'occupazione militare e riconosca l'autonomia necessaria al Tibet per tutelarne la diversità, la lingua, la cultura, l'ambiente.
Per questa ragione, tra le numerose iniziative a favore del popolo tibetano, il Consiglio e la Regione hanno promosso e curato la mostra *Tibet* del fotografo Giuseppe Ripa e prodotto il catalogo, profonda testimonianza e documentazione artistica dell'identità culturale e spirituale di questo Paese; un'identità che vogliamo conservare come patrimonio di tutta l'umanità.

The Regional Council and the Autonomous Region of Trentino-Alto Adige have a close bond with the Tibetan people and their political and spiritual guide, the Dalai Lama, universal messenger of peace and hope.
On various occasions, the Dalai Lama, members of the Tibetan government and parliament in exile, monks, artists, and Tibetan women and men dedicated to defending their rights, have been welcomed in our region, which by its own history and special autonomy is involved in defending oppressed minorities.
On August 1, 2005, the Regional Council met in the presence of the Dalai Lama to honor its commitments, the first of these being political support for the Tibetan cause and the condemnation of human rights violations in Tibet.
The Council has also appealed to national and international institutions so that repression might cease and a dialogue between China and the Tibetan government in exile might lead to concrete results that improve the lives of Tibetans.
The Region and the Regional Council, together with the autonomous provinces of Trento and Bolzano and non-governmental organizations, have fostered, on a humanitarian level, collaboration regarding the people of Tibet and its refugees. They have also organized events to raise awareness of and spread Tibetan culture, traditions, knowledge, and spirituality.
In addition to these efforts, an opportunity to learn about the history and reality of our regional autonomy was offered to the Dalai Lama as a reference for a possible solution that could bring an end to military occupation and acknowledge the necessity of autonomy in safeguarding Tibet's diversity, language, culture, and landscape.
For this reason, among numerous initiatives in support of the Tibetan people, the Council and the Region have promoted and curated the exhibition *Tibet* by photographer Giuseppe Ripa, and have made this catalogue possible, which bears profound witness to and artistically documents the cultural and spiritual identity of Tibet. It is an identity we want to preserve as the patrimony of all mankind.

Der Regionalrat und die Autonome Region Trentino-Südtirol fühlen sich dem tibetischen Volk und ihrem höchsten religiösen und politischen Vertreter, dem Dalai Lama, dem Botschafter des Friedens und der Hoffnung, verbunden.
Mehrmals haben der Dalai Lama, Mitglieder der tibetischen Exilregierung und des -parlaments, Mönche, Künstler, sowie Tibeter und Tibeterinnen, die sich für den Schutz ihrer Rechte eingesetzt haben, Trentino-Südtirol einen Besuch abgestattet, da sich unsere Region aufgrund ihrer Geschichte und Autonomie stets für die unterdrückten Minderheiten eingesetzt hat.
Am 1. August 2005 hat sich der Regionalrat in Anwesenheit des Dalai Lama versammelt und die eingegangenen Verpflichtungen bekräftigt, allem voran die politische Verpflichtung, die Tibet-Frage zu unterstützen und die Verletzung der Menschenrechte in Tibet strengstens zu verurteilen.
Der Regionalrat hat zudem die gesamtstaatlichen und internationalen Institutionen aufgefordert, der Unterdrückung ein Ende zu setzen und sich dafür einzusetzen, dass der Dialog zwischen China und der tibetischen Exilregierung zu konkreten Ergebnisse zur Verbesserung der Lebensbedingungen der Tibeter führt.
Die Region und der Regionalrat haben zusammen mit den Autonomen Provinzen von Trient und Bozen und den nichtstaatlichen Organisationen (NGO) auf humanitärer Ebene Projekte der Zusammenarbeit gefördert, die die Bevölkerung von Tibet und die tibetischen Flüchtlinge betreffen und haben Initiativen vorangetrieben, damit die Kultur, die Traditionen, die Gelehrtheit und die Spiritualität der Tibeter verbreitet werden.
Neben diesen Verpflichtungen ergab sich für den Dalai Lama auch die Möglichkeit, die Geschichte und die Erfahrungen unserer regionalen Autonomie als mögliche Lösung zur Beendigung des militärischen Einsatzes in Tibet kennen zu lernen, damit eine Autonomie zuerkannt wird, welche die kulturellen, ethnischen und sprachlichen Besonderheiten des tibetischen Volkes zu schützen imstande ist.
Ausgehend von diesen Erwägungen haben der Regionalrat und die Region verschiedene Initiativen zugunsten des tibetischen Volkes vorangetrieben, darunter auch die Ausstellung „Tibet" des Fotografen Giuseppe Ripa organisiert und den entsprechenden Katalog herausgegeben, als Zeugnis und künstlerische Dokumentation der kulturellen und religiösen Identität Tibets: eine Identität, die es zu retten gilt, um sie der ganzen Menschheit zu vermitteln und unseren Nachkommen zu überliefern.

Il Consiglio Regionale del Trentino-Alto Adige Südtirol
La Regione autonoma del Trentino-Alto Adige Südtirol

The Regional Council of Trentino-Alto Adige Südtirol
The Autonomous Region of Trentino-Alto Adige Südtirol

Der Regionalrat von Trentino-Alto Adige Südtirol
Die Autonome Region Trentino-Alto Adige Südtirol

Sommario / Contents

Oltre il reportage: la musica delle immagini
Roberto Mutti

L'intima natura delle cose
ama nascondersi
Eraclito di Efeso (V sec. a.C.)

La fotografia è figlia del nostro tempo: quando nacque, quasi a metà Ottocento, il senso del progresso che essa stessa avrebbe contribuito a consolidare stava per cancellare il vecchio mondo e la sua immagine ideologica, l'Ancien Régime. I più grandi cambiamenti, tuttavia, non avvennero in campo politico (dove pure stavano nascendo, sospinte dalla generosa azione dal basso, nuove e indipendenti Nazioni) ma in quello di una società civile affascinata dalle innovazioni tecnologiche. Prima della fine del secolo: il telegrafo, la macchina da cucire, la metropolitana, l'ascensore, il telefono, la celluloide, la lampadina elettrica, il cinema, la radio e il motore a scoppio avrebbero cambiato la vita di milioni di persone, entusiasmando alcuni e spaventando altri. La fotografia ebbe il privilegio di documentare questo cambiamento profondo, lasciandoci una traccia precisa di tutto ciò, ma inducendoci, anche, a osservarlo letteralmente con altri occhi, diversi da quelli abituati alle cronache scritte, ai romanzi, o ai racconti della tradizione orale.

Una domanda non priva di fascino, anche se destinata a non avere risposta, salta spesso alla mente: che cosa sarebbe successo se la fotografia fosse stata inventata prima? Come ci sarebbe apparso il mondo se, accanto al ritratto fotografico di Garibaldi, avessimo potuto avere anche quello di Giulio Cesare? Se, oltre alla Guerra di Crimea e del Vietnam, i fotoreporter avessero potuto seguire l'avanzata delle truppe di Alessandro il Macedone o le lunghe attese sotto le mura di Troia? Non potendo rispondere, possiamo tuttavia osservare che qualche cosa di simile a quanto immaginato avviene oggigiorno, in un mondo che non è poi così omogeneo come si crede: esistono, infatti, Paesi che solo recentemente sono stati oggetto di una attenta documentazione fotografica. Per quanto la fotografia abbia ottenuto la più ampia diffusione, raggiungendo ogni parte del globo, in molti posti il fotografo è stato un personaggio poco comune, che si muoveva di paese in paese per fare qualche ritratto, che apriva un negozio in qualche città, che realizzava paesaggi da vendere ai rari turisti, ma che non usciva mai dall'anonimato. Come dimostrano i pochi documenti ancora esistenti: fotografie i cui autori rimangono nella stragrande maggioranza sconosciuti, anche quando dimostrano un qualche estro, una certa originalità e perfino una vena artistica. Siamo agli antipodi di quanto è successo nei Paesi più industrializzati che ben presto demandano alla fotografia il compito di creare una sorta di autocoscienza visiva: la Parigi di Atget prima e di Robert Doisneau poi, l'America primordiale di Edward S. Curtis e quella problematica di Robert Frank, l'Italia dei Fratelli Alinari e la Germania di August Sander sono una riflessione problematica di grande respiro, capace di partire dalle apparenze per indagare nella realtà più profonda, quella sociale, storica e perfino psicologica. Raramente tutto ciò si trova nelle nazioni economicamente arretrate, probabilmente perché queste non conoscono lo sviluppo di quella classe borghese che nella fotografia individuava un importante modello di riferimento, ma anche uno strumento che ben si adatta alle sue capacità e perfino ai suoi passatempi. Capita spesso, dunque, che in molti Paesi dell'Asia e dell'Africa le fotografie vengano scattate da operatori che provengono dalle nazioni più sviluppate e che, quindi, la loro visione sia spesso riconducibile a quella del colonizzatore di fronte alla terra colonizzata; una visione che spesso si ritrova anche nelle opere di fotografi locali che, evidentemente, tendono a far propria la cultura visiva dei colleghi cui riconoscono una generale superiorità. Sono considerazioni queste che ci si pone quando, viaggiando, s'incontrano popolazioni che hanno conosciuto pochissimo la nostra civiltà, non hanno usufruito dei suoi vantaggi quando nessuno dubitava che fossero tali, e non hanno neppure subìto i suoi svantaggi. Il Tibet è uno di questi Paesi ma, rispetto ad altri, ha una sua particolarità che lo rende unico: una intensa spiritualità che consente alla sua popolazione di vivere una vita serena nonostante le ingiustizie e le angherie che hanno subìto e continuano a subire.

Questi elementi sono ben noti a Giuseppe Ripa che alla passione per i viaggi da sempre accompagna quella per la fotografia, ma che vive entrambe con una intensità non comune. Se, infatti, ogni viaggio è preceduto da una preparazione culturale puntigliosa che lo avvicina alla realtà più profonda dei luoghi, anche l'impostazione fotografica non è riconducibile a uno standard predefinito ma sembra obbedire a una sorta di sintonia che l'autore crea con le persone, i paesaggi, la realtà con cui entra in contatto. Due sono le indicazioni sintomatiche per capire come Ripa si muove: il fatto che spesso torna negli stessi paesi in tempi diversi e la predilezione per la fotografia in bianco e nero. Il primo caso serve a comprendere quanto sia importante sovrapporre le visioni e le sensazioni come fossero stratificazioni che si solidificano, solo così si può giungere a cogliere nel profondo un Paese senza fermarsi sulla soglia delle prime emozioni. Emozioni che, tuttavia, non devono essere cancellate, ma valorizzate: ecco il secondo e fondamentale elemento nella poetica di Giuseppe Ripa che, alla spettacolarità un po' sfacciata del colore, antepone la capacità interpretativa, la visione sognante, il senso emotivo connesso all'uso del bianco e nero.

Se in altri casi – di fronte ai siti archeologici cambogiani come nei Paesi dell'area del Mediterraneo, nel Rajasthan come a Venezia – aveva fatto prevalere il valore e la bellezza di una fotografia usata fino ai confini del simbolico, arrivando a veri e propri virtuosismi tecnici, qui per una volta la realtà sembra farsi largo prepotentemente. Alla ricerca dell'immagine forte e nel contempo raffinata si antepone la necessità del racconto che si riconosce nella struttura narrativa del reportage. Tuttavia bisogna operare dei distinguo perché del reportage classico non conserva il ritmo incalzante cui preferisce il tono riflessivo e l'indagine accurata che si sofferma sui particolari e sulle atmosfere: è come se il fotografo si fosse fatto coinvolgere a tal punto dall'ambiente da subirne anche emotivamente l'influenza.

L'unica strada percorribile per chi osserva queste immagini è dunque quella di lasciarsi completamente andare, di farsi lentamente accompagnare da un flusso di sensazioni ben sapendo che in questo percorso ci si può imbattere in simbologie difficili da decifrare, in ritualità misteriose, in allusioni di cui sappiamo in partenza di non poter cogliere la profondità. Ma non importa, perché tutto, alla fine, apparirà comprensibile all'uomo saggio che sa quanto la vera conoscenza consista nel guardare oltre le apparenze, perché l'intima natura delle cose ama nascondersi, come ricordava l'antica saggezza greca per bocca di Eraclito (filosofo, V secolo a.C.) che i contemporanei definivano "oscuro".

Dalla prima immagine si capisce che una delle chiavi per meglio comprendere il reportage è il suono: non capita spesso di trovarsi di fronte a questo aspetto ma quando, come in questo caso, lo si riconosce in tutta la sua evidenza ci si accorge che non si può fare a meno di seguirlo. Tutto sembra aprirsi come un sipario che si alza sulla vita ma quelli che ai nostri occhi sembrano semplici teli sono in realtà le "preghiere" appese a fili attorno a cui si attorcigliano mosse dal vento. È un inizio sommesso ma già si può appena percepire una musica che resta sullo sfondo a sottolineare la grandiosità compositiva di una scena che apparentemente concentra l'attenzione sulle due figure che si muovono sullo sfondo, ma in realtà incuriosisce per le scritte sulla destra che alludono alla purezza del fiore di loto che nasce, anche metaforicamente, dal fango. Subito la visione si allarga agli uomini che si muovono fra edifici altissimi, fatti della stessa materia delle montagne che incombono attorno, che si avventurano in lunghi percorsi verso il tempio, che camminano portando oggetti sacri – il mulinello delle preghiere e il rosario – lungo sentieri che salgono e scendono disegnando un andamento circolare (*kora*) che eternamente si ripete. Sullo sfondo ancora si sente, questa volta più forte, il sibilo del vento che si insinua fra le preghiere, così fitte da rendere invisibili i punti da cui partono, e sembra voler trascinare via le parole scritte sui teli trasformandole in note acute e misteriose come strida di lontani uccelli. Ora le immagini ci portano all'interno del tempio e qui prevalgono gli odori, quello delle lampade che bruciano burro spandendo nell'aria un sapore dolciastro, e quello che sembra provenire dalla penombra da cui emergono, non appena gli occhi si sono adattati all'oscurità, le figure dei fedeli con i volti illuminati dal basso da piccoli lumi. Contemporaneamente si percepiscono gli sguardi sbarrati di antichi demoni divenuti guardiani protettori della fede dipinti su una parete e, soprattutto, il sorriso enigmatico del Buddha che, come volesse ricordare di essere l'illuminato, sembra emergere dal nulla e colpisce come un colpo di gong. Dentro il tempio e nelle sue vicinanze i movimenti sono lenti e precisi, gli sguardi benevoli dei Gelupka, monaci dell'Ordine dei Virtuosi, si intrecciano a quelli spaventosi ma immobili delle divinità terrifiche. Poi si torna alla luce e l'aria fine della montagna porta un tintinnio lontano che fa da sfondo a un monumento carico di simbologie: la ruota del Dharma a rappresentare la dottrina e due daini accucciati, ma che sembrano inginocchiati, ad alludere ai primi discepoli. Più in basso ci sono quelli in carne e ossa, giovani novizi che si interrogano l'un l'altro puntandosi reciprocamente la mano con il dito indice teso in avanti in un rito che prevede domande e risposte per mettere alla prova la memoria e la conoscenza. Si odono risate appena trattenute che rompono il silenzio, poi tutto torna in pace e si può perfino, affacciandosi alla balaustra, ascoltare il rumore lieve che fa il vento quando decide di attraversare i rami flessibili di un grande pino che svetta verso il cielo.

Tintinnante e ritmico, il suono dei timpani emerge su quello cupo dei tamburi: ora c'è nell'aria un'attesa e, negli occhi dei bambini assiepati nella tribuna sotto gli ombrelli usati come parasole, la curiosità di chi si lascia affascinare dal nuovo. Improvvisamente iniziano le danze religiose, i corpi si muovono nel centro del campo dando prova della loro abilità che serve anche a mettere in evidenza la bellezza stranamente ricercata degli abiti, dei copricapo, delle cinture ricamate.

Giuseppe Ripa rimane da parte, dietro le immagini. È un gesto di grande eleganza e rispetto di cui, non sempre, i fotografi sono capaci, ma è solo annullando la propria presenza (o meglio, rendendola il più possibile discreta) che è possibile far emergere la delicatezza di quanto finora è avvenuto. Ora però il fotografo coglie l'importante occasione di intervenire con maggiore determinazione: si confonde con i fedeli che ascoltano seduti in silenzio l'insegnamento di un lama, si aggira fra le colline dove si alzano al cielo i fumi chiari delle erbe aromatiche bruciate in segno di buon augurio, infine si avvicina a uomini e donne cominciando a riprenderli da vicino. I pellegrini a riposo seduti per terra o su una rientranza del muro fanno venire in mente i ritratti che circolavano in Europa nei primi anni del Novecento. Allora spesso i fotografi erano ambulanti che si muovevano di paese in paese portandosi in spalla l'intera, ingombrante attrezzatura. Si piazzavano in una zona strategica – davanti al sagrato della chiesa o in uno spiazzo ben frequentato da tutti – e attendevano i clienti. Talvolta mettevano a disposizione qualche abito di buona fattura da indossare per meglio figurare in quella che, probabilmente, sarebbe rimasta l'unica fotografia della loro vita e da cui magari ricavare anche l'ovale su ceramica da mettere sulla tomba.

Allora le persone ritratte sembravano impacciate, assumevano pose poco spontanee, non sapevano bene dove mettere le mani né dove guardare: se si potessero accostare quelle immagini a queste, il risultato sarebbe di una evidente analogia.

Il suono che si era un po' perso ora ritorna leggero, portato di nuovo dalla brezza per insinuarsi ancora una volta fra le preghiere appese in campo aperto attorno alle quali i pellegrini compiono il kora o nell'atrio di un tempio, dove una donna prega tenendo fra le mani un rosario; più avanti si fa più ritmico, come volesse accarezzare le figure femminili sedute all'aperto intente a preparare gli stupa votivi in argilla, per sperdersi poi in un gioco sinuoso con il fumo delle erbe aromatiche che si avvita nel cielo. La musica resta sempre sullo sfondo, non è facile percepirla stando all'aperto, eppure i nomadi che piantano le loro tende nelle praterie e sanno stabilire con i cavalli un rapporto di simbiosi quasi affettuoso sembrano conoscere queste note misteriose. Loro sanno bene che Milarepa, il poeta eremita cui tutti guardano con ammirazione, secondo la tradizione porta la mano all'orecchio per ascoltare il silenzio ed è per questo che loro hanno imparato a coglierlo e a distinguere i rumori anche più flebili perché forse sono anche i più intensi. Certe volte basta sedersi a terra di fronte al paesaggio incantevole delle abitazioni incastonate nella montagna, attraversare una gola usando l'unica strada percorribile, guidare con mano ferma gli animali attraverso l'erba tagliata di fresco per essere in grado di ascoltare quella musica lontana che nessuno si chiede da dove provenga né chi la suoni.

Dotati di un carattere dolcissimo che consente loro di sopportare le ingiustizie degli uomini come le asprezze della natura, i tibetani hanno sul volto un eterno sorriso che talvolta appare enigmatico come quello del loro Buddha ma più spesso corrisponde al nostro segno di allegria: per loro la gioia di vivere è una sorta di arma da contrapporre alle violenze che spesso hanno conosciuto nella storia, ultima quella dei cinesi con le loro devastazioni. Non si tratta di un atteggiamento di maniera ma di un pensiero sofisticato che riconduce ogni aspetto della realtà a una visione d'insieme e si riassume in un pensiero di grande profondità: quello che considera il paesaggio come una emanazione del sacro e stabilisce quindi che l'armonia con la natura è un elemento di fondamentale importanza per ogni uomo che intenda raggiungere la pace con se stesso. Perfino la corsa dei cavalli del Festival di Dartsedo sembra recuperare il senso atavico del confronto, ignorando quello a noi più consono della gara perché, forse, nulla c'è di meglio che correre sferzati dal vento della velocità e non è poi così determinante arrivare per primi al traguardo.

Ciò detto, il Tibet non è più un luogo fuori dal mondo: gli influssi delle altre società qui arrivano filtrati da una saggezza antica che tutto trasforma e acquisisce in una sorta di sincretismo culturale, grazie al quale le tradizioni non vengono intaccate dai segnali della contemporaneità. Non succede neppure quando l'abitante di una bellissima tenda tradizionale, adorna di ricami che ancora una volta ricordano la ruota del Dharma e i daini inginocchiati, siede a terra con un telefonino all'orecchio e una visiera sul capo. Ecco quindi i giovani tibetani indossare con orgoglio un po' spavaldo i cappelli a larghe tese, ecco una giovane donna osservare, fra gli abiti di una bancarella, un manichino dalle tipiche fattezze occidentali, ecco un gruppo di ragazzi guardare con curiosità le coperte, premi della lotteria locale dove si possono anche vincere oggetti di plastica sparsi in un prato come un tempo nei nostri mercati di paese.

Ora tutto è pronto per le danze, e se non fosse per la presenza del militare cinese, occhiuto controllore di ogni gesto, tutto sembrerebbe segnare il tempo di una grande festa. Finalmente la musica si fa intensa, il suono dei tamburi si alterna a quello acuto degli strumenti a fiato e al tintinnio dei cembali: non ci si chiede più da dove proviene, ora sappiamo che arriva dal profondo del pensiero di ciascuno di noi, dalla nostra capacità di rapportarci con la vita, dal nostro desiderio di andare a cercare l'intima natura delle cose, quella che ama nascondersi.

Beyond Reportage: The Music of Images
Roberto Mutti

*The intimate nature of things
loves to hide itself.*
Heraclitus of Ephesus

Photography is the child of our times. When it was born, around the mid-nineteenth century, the sense of progress that it would help consolidate was about to erase the old world and its ideological image, the *Ancien Régime*. In any event, the greatest changes did not take place in the field of politics (though new independent nations started to take shape thanks to the efforts of lower classes), but rather in a society fascinated with technological innovation. Before the close of the century, the telegraph, the sewing machine, the subway, the elevator, the telephone, celluloid, the light bulb, cinema, radio, and internal combustion engines had changed the lives of millions of people, enthralling some and terrorizing others. Photography had the privilege of being able to document this profound change, bestowing unto us a precise outline of everything, but also leading us to literally observe it with another pair of eyes, unlike the ones used to written news, novels, or stories from oral traditions.

A fascinating question, even though one destined to remain unanswered, often comes to mind: what would have happened if photography had been invented earlier? How would the world have appeared if alongside a photo of Garibaldi, there was also one of Julius Caesar? Or if besides the Crimean and Vietnam Wars, photojournalists had been able to follow the advancing troops of Alexander the Great or the long wait under the walls of Troy? Since we cannot answer this question, we can nevertheless observe that something similar is taking place today, in a world that is not so homogenous as we think. In fact, there are countries that have recently become the object of attentive photographic documentation. Even though this extraordinary invention has truly become widespread, reaching every corner of the globe, in many parts of the world photographers have been scarce, moving about from town to town taking a handful of pictures, opening a shop here and there, selling landscape portraits to a few tourists, though never emerging from the shadows. This is attested to by very few documents, photos whose creators remain, in the majority of cases, strangers even when they show a certain talent, originality, or artistic vein. It is the exact opposite with industrialized countries, which quickly assign to photography the task of creating a sort of visual self-consciousness. The Paris of Atget and of Robert Doisneau, the primordial America of Edward S. Curtis and the problematic one of Robert Frank, the Italy of the Alinari brothers, and the Germany of August Sander are a complex, vast reflection able to begin with appearances in order to investigate the deepest reality—the social, historical, and even psychological aspects. This can rarely be found in less economically advanced nations probably because there is no development of that middle class that singled out photography as an important model of reference as well as an instrument that was well-suited to its abilities and even its pastimes. In many countries in Asia and Africa, photos are taken by operators from more developed countries, and therefore their vision can oftentimes be traced back to that of the colonizer and his new colony. This vision usually can be found in the works of local photographers who evidently tend to make the visual culture of their colleagues their own, finding it to be superior. These are observations we should consider when, traveling, we encounter populations that have never really been exposed to our culture. Tibet is one of these countries but, with respect to others, it possesses something that makes it unique—an intense spirituality that allows its people to live a peaceful life despite the injustice and oppression they experienced and continue to endure.

These elements are well known to Giuseppe Ripa, who couples his passion for traveling with his love for photography, though experiencing each with unique intensity. If, in fact, every journey of his is preceded by an in-depth study of the culture he will explore, thereby allowing him to approach the most profound reality of the place, his method cannot be traced back to a pre-defined standard. Instead, the artist seems to be in synch with the people, the landscape, the reality he comes into contact with. There are two symptomatic indications that make us understand Ripa's practice: the fact that he often returns to the same countries and his preference for black-and-white photos. The first case serves to explain how important overlapping

visions and sensations are—as if they were layers that solidify because only this way can we deeply understand a country without stopping at our initial emotions. Emotions that, in any event, shouldn't be erased, but instead enhanced. This leads us to the second fundamental element in the poetics of Giuseppe Ripa, who prefers the ability to interpret, the dreamy vision, and the emotion connected to the use of black and white rather than the somewhat brazen showiness of color.

If in other cases, as with Cambodian archeological sites or countries in the Mediterranean, in Rajasthan or in Venice, he allowed the value and beauty of the photos to prevail, even to the point of turning them into symbols or displays of technical virtuosity, here for once reality boldly takes main stage. The search for a powerful though refined image comes after the need to narrate, typical of the story-like structure of reportage. But distinctions need to be made here as well. Ripa does not keep the fast-paced rhythm of classic reportage, but instead opts for a pensive tone and an in-depth investigation that lingers upon details and atmospheres. It's as if the photographer lets himself be involved by the setting to such a degree that he is emotionally subject to its influence.

The only possible path to take for those who observe these images is therefore to let oneself go, to be slowly accompanied by a flow of sensations, though keeping in mind that we may come across symbols that are difficult to decipher, mysterious rituals, allusions we know that we can never fully grasp. But this doesn't matter because everything, in the end, will be comprehensible to the wise man who knows how much true understanding consists of looking beyond appearances, because the intimate nature of things likes to hide itself, according to Heraclitus, an ancient Greek philosopher (5th century BC) who was defined by his contemporaries as "obscure."

We can already understand from the first image that one of the keys to better understanding this reportage is sound. We normally do not find ourselves faced with this element. But when we clearly recognize it, as in this case, we realize that we cannot but follow it. Everything seems to open up like a raised curtain; but what seem to be simple sheets are actually the "prayers" hung on wires that become tangled from the blowing wind. It is a subdued beginning, but we can already perceive a music that remains in the background to underline the grandiose composition of a scene that would seem to concentrate our attention on the two figures moving in the back, but in reality arouses our curiosity about the writings on the right that allude to the purity of the lotus flower that is metaphorically born from mud. Our vision then broadens to include men moving from one tall building to the next, made of the same material as the mountains that loom all around. These men venture down long paths that lead to the temple, carrying sacred objects (the prayer scroll and the rosary) down paths that rise then descend, but in the end trace a circular motion, called kora, that is forever repeated. In the background once again we hear, though louder this time, the whisper of the wind that makes its way among the prayers, almost wanting to drag away the words written upon the banners and to transform them into sharp and mysterious notes that sound like the screeching of birds in the distance. Now the images bring us inside the temple and here scents prevail—lamps that burn butter, spreading in the air a sweet-sour odor. Or the scent that seems to come from a penumbra out of which, as soon as our eyes have adjusted to the dark, figures of worshippers emerge with their faces lit up from below with small lamps. At the same time we perceive, painted on a wall, the startled faces of ancient demons that have become guardians of the faith, and, especially, the enigmatic smile of Buddha who, as if wanting to remind us that he is the illuminated one, seems to emerge from out of nothing. Inside the temple and nearby, movements are slow and precise. The benevolent looks of the Gelupkas, monks from the Order of the Virtuous, blend together with the frightened but immobile faces of the terrifying divinities. Then we return out into the light, and the limpid mountain air carries a distant jingle that acts as a backdrop to a monument teeming with symbols: the Dharma Wheel that represents the doctrine and two crouching fallow deer that seem to be kneeling, alluding to the first disciples. Further below, there are actual disciples, young novitiates interrogating one another and pointing their index fingers at each other in a ritual that includes questions and answers to test memory and understanding. We hear feeble laughter that breaks the silence, then all becomes peaceful again and we can even hear, if we look from the

balustrade, the faint blowing of the wind when it decides to cross the flexible branches of a large pine tree that climbs up to the heavens.

Jingling and rhythmic, the sound of the cymbals emerges above the gloomy noise of the drums. Now there is a sense of waiting in the air, and in the eyes of the children huddled in the tribune under the umbrellas used to shield them from the sun there is the curiosity of those who let themselves be fascinated by something new. The religious dances suddenly begin, the bodies move in the center of the field, demonstrating their ability and showing the strangely refined beauty of their garments, headdresses, embroidered belts.

Giuseppe Ripa lies behind these images as if wanting to step aside and make way for what is going on. It is a gesture of great elegance and respect that photographers are not always capable of. But it is only by canceling his own presence (or rather, making it as discreet as possible) that the delicacy of what is taking place can emerge. Now, however, the photographer takes advantage of the opportunity to intervene with greater determination: he blends in with the followers who, seated, listen in silence to the teachings of a lama. He wanders about the hills where smoke from aromatic herbs, burnt as an auspice, rises to the sky. Finally, he approaches men and women and photographs them up-close. The pilgrims resting on the ground or against a wall call to mind the portraits that circulated in Europe in the early twentieth century. Back then, photographers were often walking salesmen who moved from town to town, carrying on their shoulder all their cumbersome tools. They would set up in a strategic place—in front of a church or in a square frequented by many people, and wait for customers. At times, they would make available well-made garments for customers to wear in a portrait that would probably be the only one in their life and from which their tombstone photo would be taken. Back then the portrayed persons seemed self-conscious, affecting poses. They really didn't know where to place their hands or where to look. If we could compare those images to Ripa's, the result would be an evident analogy.

The sound that had died down has now returned, carried once again by the breeze and making its way among the prayers hanging in the fields around which pilgrims carry out the kora, or in the entrance to a temple where a woman prays with a rosary in her hands. The sound becomes more rhythmic, as if it wanted to caress the female figures seated out in the open, intent on preparing the clay votive stupas. It then loses its way in a sinuous game with the smoke of the aromatic herbs that spirals up to the heavens. The music is always in the background. It's not easy to hear outside, and yet the nomads that pitch their tents on the grasslands—who know how to establish an almost affectionate symbiosis with their horses—are familiar with these mysterious notes. They know very well that Milarepa, the hermit poet everyone looks to with admiration, brings, according to tradition, his hand to his ear to listen to silence, and it is for this reason that they have learned how to hear and distinguish the feeblest of sounds, perhaps because they are also the most intense. At times one only needs to sit on the ground in front of the enchanted landscape of the houses carved into the mountainside, cross a ravine using the only path available, or lead animals with a steady hand through fresh-cut grass in order to hear that distant music. No one asks where it comes from, or who is playing.

Equipped with a very sweet nature that allows them to endure the injustices of man in the same way they endure the harshness of nature, the Tibetans have an eternal smile on their faces that at times seems enigmatic, like the one of their Buddha. But more often than not it corresponds to our indication of happiness: for them, the joy of living is a sort of weapon to use against the violence that they have often been subjected to throughout their history, most recently by the Chinese and their devastation. This has nothing to do with a manner or attitude, but with a sophisticated way of thinking that channels every aspect of reality into an overall vision that can be summed up in a deeply profound thought. A thought that considers the landscape as an emanation of the sacred and therefore decrees that harmony with nature is an element of fundamental importance for any man who intends to make peace with himself. Even the horse race of the Dartsedo Festival seems to resuscitate the ancestral sense of confrontation, ignoring the sense of competition because, perhaps, there's nothing better than riding lashed by the wind of speed, and maybe it's not so vital to arrive first.

Tibet is no longer a place outside this world. The influence of other societies arrives filtered through age-old wisdom that transforms and assimilates everything in a sort of cultural syncretism whereby traditions are not affected by contemporaneity. This doesn't even happen when the inhabitant of a lovely traditional tent, embellished with embroidery that once again calls to mind the Dharma Wheel and the kneeling fallow deer, sits on the ground talking into a cell phone and wearing a baseball cap. There are young Tibetans who proudly wear wide-brim hats, or a young woman who shows interest in, from among the garments on a clothes stand, a typically Western outfit. Or a group of boys curiously looking at blankets, the award of a local lottery where even plastic items can be won and which are scattered on a meadow like our flea markets of the past.

Now all is ready for the dances, and if it weren't for the presence of the Chinese soldier, sharp-eyed controller of every gesture, it would seem like a great party. Finally the music becomes loud, the sound of the drums alternates with the sharp notes of the wind instruments and the jingling of the cymbals. We no longer ask ourselves where it's coming from. Now we know that it arrives from the depths of each thought of ours, from our ability to relate to life, from our desire to go and search for the intimate nature of things, the one that loves to hide itself.

Il reportage
Giuseppe Ripa

Le immagini pubblicate in questo libro, selezionate da un ricco corpus fotografico, sono il frutto di un lungo lavoro di documentazione iniziato nei territori di cultura tibetana in India (Ladakh, 1998) e proseguito nel Tibet centrale (1999) e nell'area del Tibet orientale (Amdo e Kham, 1999-2000) oggi inclusa nelle regioni cinesi del Qinghai, Sichuan, Gansu e Yunnan.

Il Tibet orientale è stato solo di recente aperto ai visitatori stranieri. Nel passato si erano spinti in queste zone remote pochi viaggiatori, tra cui la parigina Alexandra David-Néel, autrice di celebri resoconti di viaggio: *Voyage d'une parisienne a Lhassa* (1927), *Mystiques et magiciens du Thibet* (1929), *Au pays des brigands gentilshommes* (1933).

Il reportage racconta come il popolo tibetano, nonostante i danni causati dalla persecuzione da parte delle autorità cinesi, abbia mantenuto integra la propria fede religiosa e come stia lottando per mantenere in vita le proprie tradizioni culturali. La ricerca del Tibet più genuino si è quindi focalizzata soprattutto sulla vita dei pellegrini, dei monaci e dei nomadi.

Un ambiente ostile per ragioni politiche e motivi geografici (gli altipiani del Tibet si estendono a una altitudine media di circa 4000 metri) non ha impedito ai tibetani di proporsi, ancora oggi, come un popolo allegro, tollerante, spontaneo, tenacemente ancorato a una concezione del mondo, quella buddista, radicalmente alternativa al pensiero occidentale. Il contrasto tra le precarie condizioni di vita materiale e l'elevato livello di sviluppo del pensiero e della pratica religiosa rappresenta una delle chiavi di lettura più stimolanti del reportage.

Ho cercato di cogliere i segni della loro fede partecipando alle cerimonie religiose nei monasteri e alle feste più importanti, seguendo gli instancabili pellegrini nei loro percorsi di preghiera e devozione.

L'intero paesaggio tibetano è emanazione del sacro: le montagne sono costellate di monasteri (gompa) e di stupa (chorten), il suolo è cosparso di iscrizioni rituali incise nella roccia (mani) e nel cielo sventolano i tarchò e i lung-ta, bandiere ricoperte di iscrizioni votive "recitate" dal vento.

La visione olistica della natura, propria dei tibetani, non appartiene più all'uomo occidentale che si sente isolato nell'universo e non è più capace di trovare un rapporto con esso, avendo perduto la sua identità emotiva con i fenomeni della natura.

Il viaggio in Tibet diventa quindi un percorso mistico, un pellegrinaggio in una terra sacra e per molti aspetti magica e misteriosa. Occorre ricordare che il credo buddista introdotto in Tibet dallo yogi indiano Padmasàmbhava ("Nato dal Fiore di Loto", Ottavo secolo d.C.), si è sovrapposto alla religione bon e alle antiche concezioni animistiche e sciamaniche. La stessa origine del popolo tibetano è fatta risalire, secondo una nota leggenda, all'unione di una scimmia e di una orchessa.

Le divinità e i demoni dello sciamanesimo sono state successivamente soggiogate e assimilate dalla dottrina buddista che li riconosce solo come prodotti della mente. Ecco quindi la straordinaria affermazione di potenza visionaria degli uomini che vivono "sul tetto del mondo": l'universo è riconosciuto come semplice prodotto della mente che lo percepisce, come illusione, come sogno.

È proprio la forza della fede buddista che infonde nei tibetani eccezionali capacità di sopportazione, serenità ed energia interiore.

Su questo aspetto si sofferma la seconda parte del reportage che descrive la vita dei nomadi tibetani (drokpa) negli sconfinati e desolati altipiani dell'est. Le immagini mostrano la selvaggia bellezza dei luoghi e raccontano i costumi di genti fiere, amanti della libertà, famose per il coraggio e l'eroismo dimostrati durante la resistenza all'invasione cinese. Fotografie suggestive ci parlano delle "genti delle solitudini", tra cui i Golok, nomadi che abitano nella zona dove nasce il Fiume Giallo nella regione dell'Amdo. Un tempo temuti per le loro razzie, i Golok sono un popolo molto religioso e venerano l'Amnye Machen, montagna sacra sede della divinità Machen Pomra, seconda per importanza soltanto al Kailash (Tibet occidentale). Molto temuti erano anche i Khampa, di alta statura e nobile portamento, che abitano la regione del Kham definita dalla David-Nèel "il Paese dei briganti gentiluomini". Saranno proprio i nomadi e guerrieri Khampa a scortare il Dalai Lama nella sua fuga in India.

In conclusione, se è vero che il Tibet non è più "l'unico mistero che il Diciannovesimo secolo aveva lasciato al Ventesimo secolo da esplorare", secondo la definizione data da Fosco Maraini, è però ancora oggi un Paese unico e sorprendente. La civiltà tibetana, con il suo elevato livello di spiritualità, si propone come stimolante antitesi al consumismo dei tempi moderni.

Un popolo che sulle bandiere scrive preghiere perché il vento le reciti merita ben altro destino della repressione di cui è vittima da più di mezzo secolo.

The reportage
Giuseppe Ripa

The images included in this book, selected from a rich corpus of photographs, are the fruit of extensive documentation, begun in the territories of the Tibet culture in India (Ladakh, 1998) and continued in central Tibet (1999) and in the areas of eastern Tibet (Amdo and Kham, 1999–2000) that are today part of the Chinese regions of Qinghai, Sichuan, Gansu, and Yunnan.

Eastern Tibet has only recently been opened to foreign visitors. In the past, only a few ventured their way into these remote lands, including Alexandra David-Néel, a Parisian author of celebrated travel accounts: *Voyage d'une parisienne a Lhassa* (1927), *Mystiques et magiciens du Thibet* (1929), and *Au pays des brigands gentils-hommes* (1933).

This reportage narrates how the Tibetan people, despite the damage caused by persecution on the part of Chinese authorities, have maintained their religion intact and how they are fighting to keep their cultural traditions alive. The most authentic search for Tibet, therefore, has centered above all on the life of pilgrims, monks, and nomads.

A hostile setting both politically and geographically (the Tibetan plateaus reach an average altitude of about 4,000 meters) has not prevented Tibetans from reaffirming themselves today as a happy, tolerant, unaffected population that is tenaciously anchored to a Buddhist concept of the world that is radically different from Western thought. The contrast between the precarious conditions of material life and the elevated level of thought and religious practice are one of the most fascinating aspects of this reportage.

I have attempted to focus on the attributes of this still-vital religious faith by participating in monastery ceremonies and in the most significant festivities, following the tireless pilgrims in their journeys of prayer and devotion.

The entire Tibetan landscape is an emanation of the sacred: the mountains are dotted with monasteries (gompas) and stupas (chortens). The earth is strewn with ritual inscriptions carved in rocks (mani stones), and the tarcho and the lung-ta, flags covered with votive inscriptions "recited" by the wind, waving in the heavens.

This holistic vision of nature, typical of Tibetans, no longer resides in Western man, who feels isolated in the universe and unable to establish a connection with it, having lost his emotional identification with natural phenomena.

A journey through Tibet therefore becomes something mystical, a pilgrimage across a sacred and in many ways magical and mysterious land. We need to remember that the Buddhist credo introduced in Tibet by the Indian Yogi Padmasàmbhava ("Born from the Lotus Flower," eighth century AD) overlapped the Bon religion and ancient animistic and shamanistic concepts. According to a popular legend, the very origins of the Tibetan population date back to the union of a monkey and a rock-ogress.

Shamanistic gods and demons were later subjugated and assimilated by Buddhist doctrine, which acknowledges them only as products of the mind. And so the extraordinary visionary power of those who live on *the rooftop of the world*: the universe is seen as a simple product of the mind, perceived as an illusion, as a dream.

It is precisely the power of the Buddhist faith that instills in Tibetans exceptional tolerance, serenity, and inner energy.

The second part of the reportage—that describes the life of Tibetan nomads (Drokpas) in the boundless and desolate eastern plateaus—focuses on this aspect. These images depict untamed beauty and narrate the customs of this proud people, lovers of freedom and famous for the courage and heroism shown during their resistance to the Chinese invasion. Evocative photographs speak to us of the "people of solitude," including the Golok, nomads who live in the Amdo region near the source of the Yellow River. Once feared for their plundering, the Golok are a very devout people who worship the Amnye Machen, a sacred mountain where the god Machen Pomra dwells, second in importance only to Kailash (western Tibet). Tall in height and with elegant manners, the Khampa, once greatly feared, reside in the Kham region defined by David-Nèel as "the land of gentleman-bandits." It was the Khampa nomads and warriors who escorted the Dalai Lama during his escape into India.

In conclusion, even if it is true that Tibet is no longer "the only mystery the nineteenth century left for the twentieth century to explore," as Fosco Maraini assert-ed, it is still today a unique and surprising country. Tibetan civilization, with its high level of spirituality, recommends itself as an inspiring antithesis to the consumerism of modern times.

A people who write prayers on flags so that the wind can recite them deserve quite a different destiny than the repression they have endured for over half a century.

Opere / Works

Difficile ad essere conosciuta, profondamente nascosta,
divagante e capricciosa, questa è la mente.
La persona intelligente la custodisce
perché la mente custodita è principio di gioia.

Difficult to perceive, profoundly hidden,
meandering and capricious—this is the mind.
The intelligent person guards it
because a guarded mind is the start of joy.

Dhammapada

I

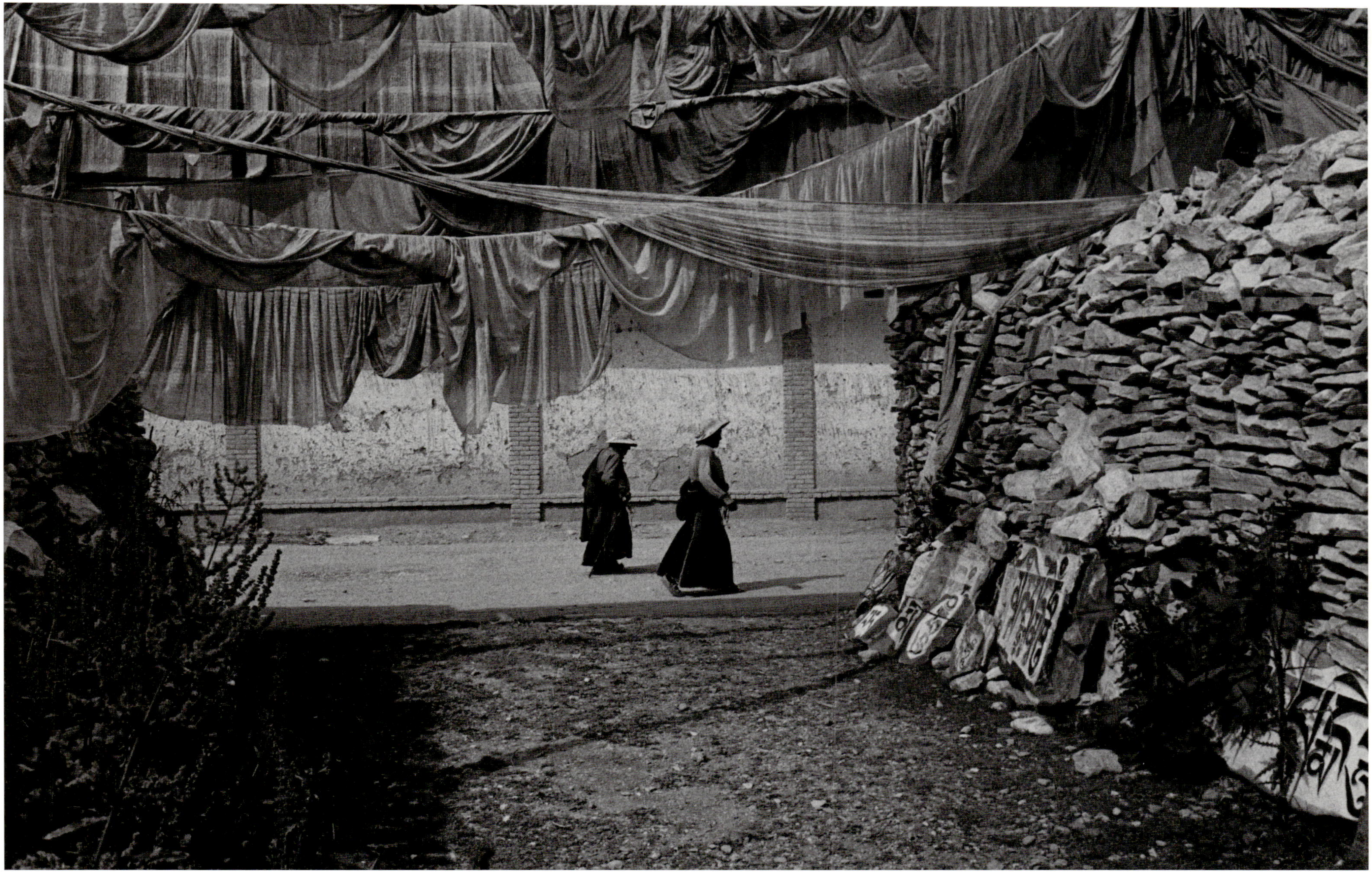

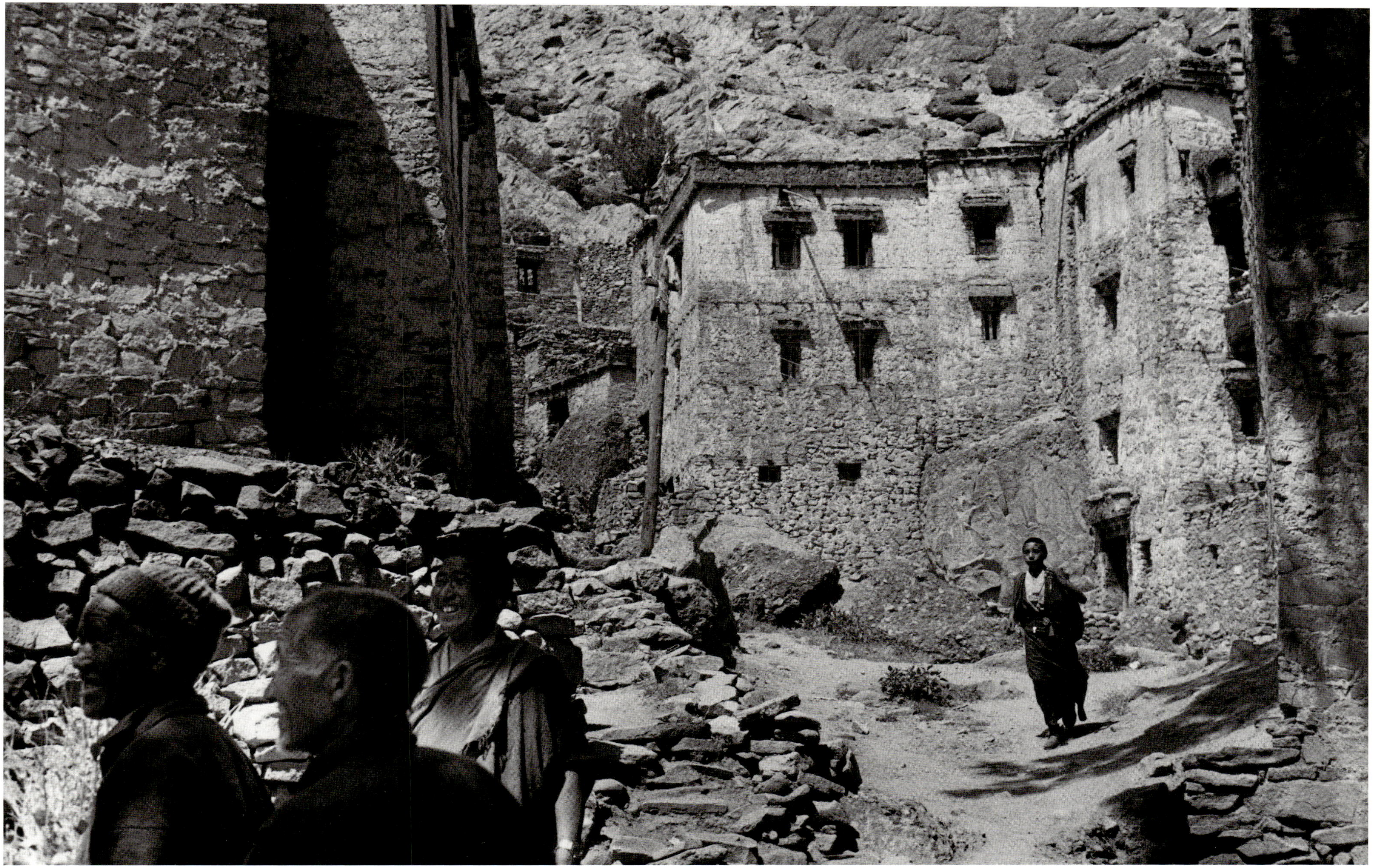

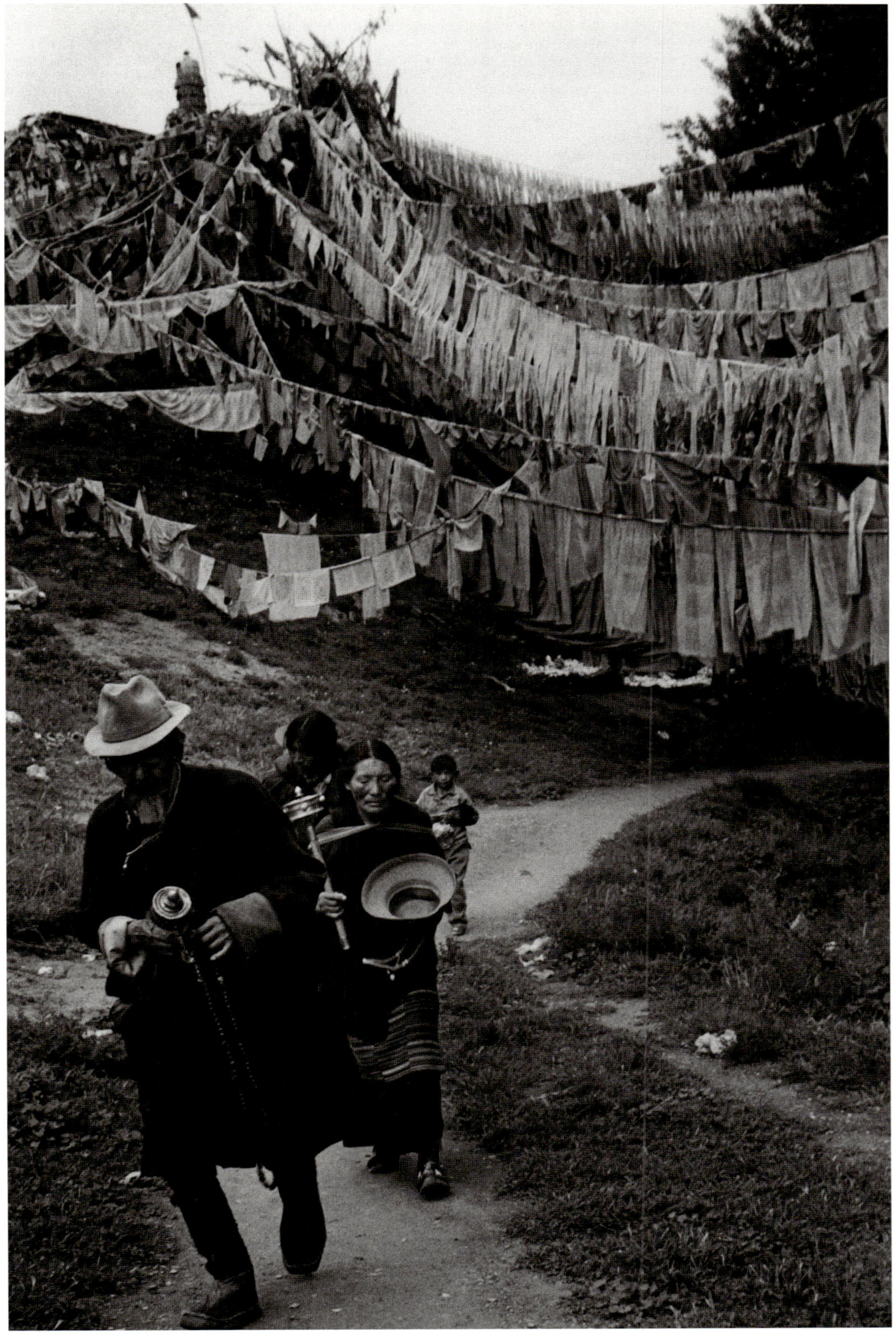

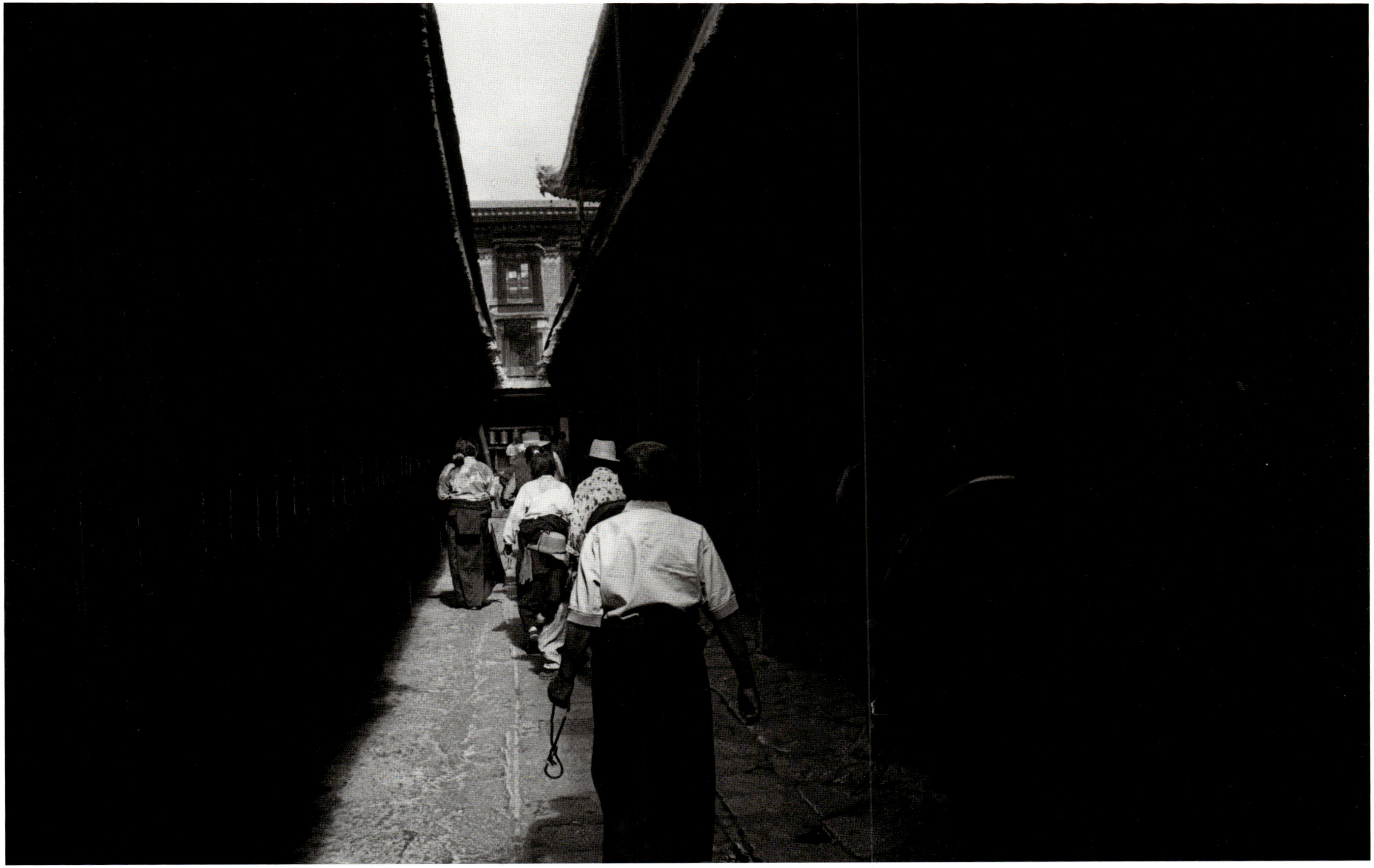

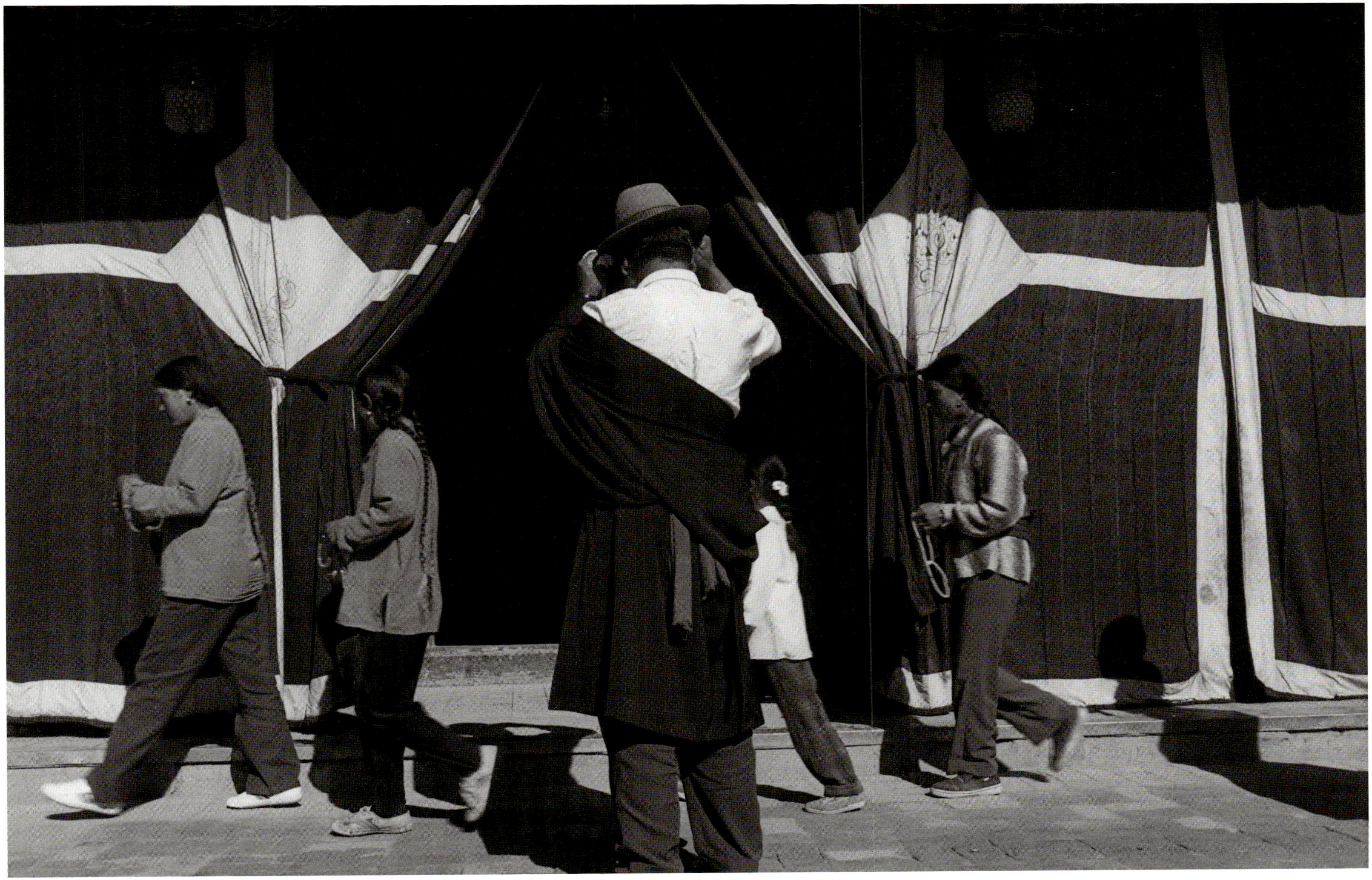

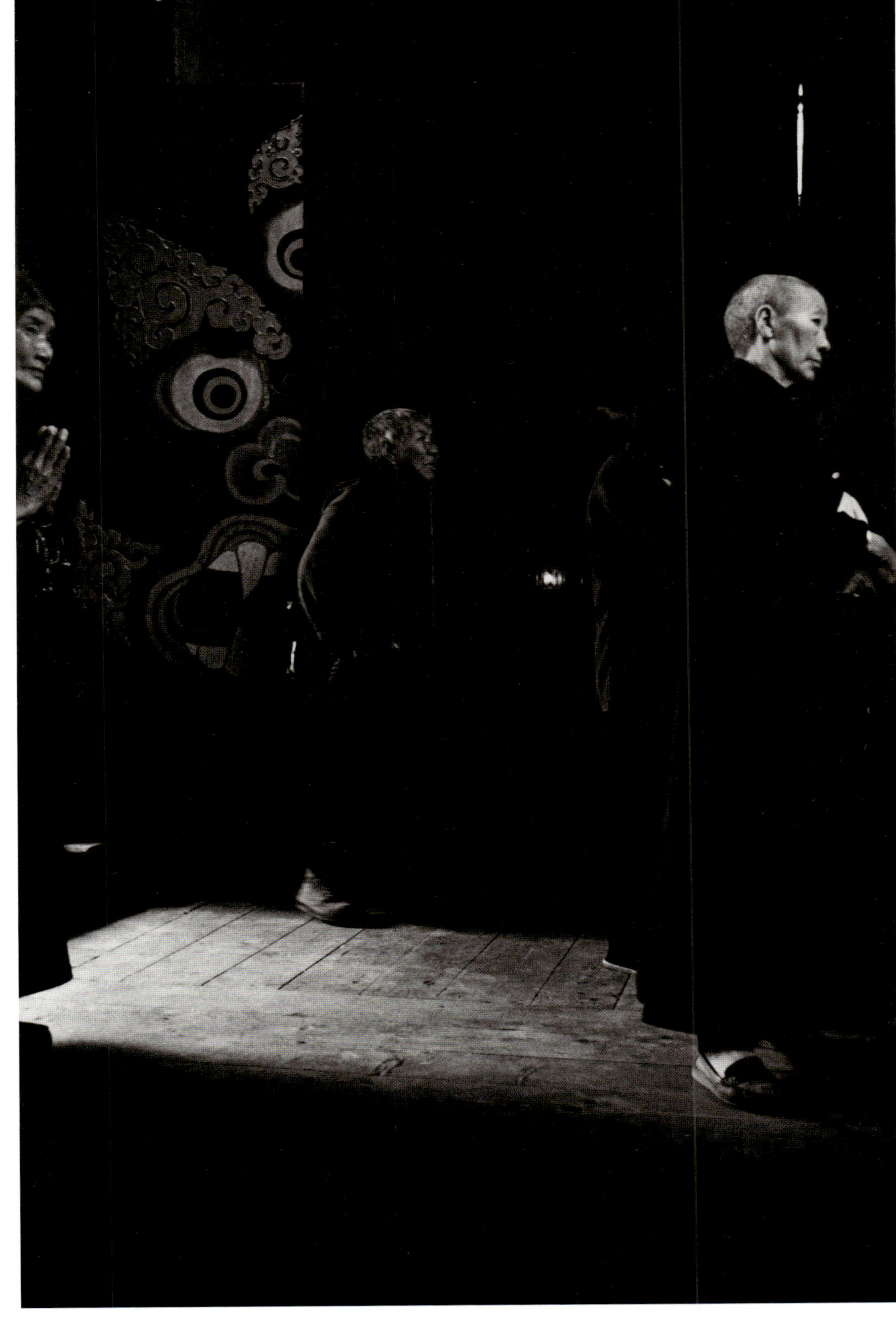

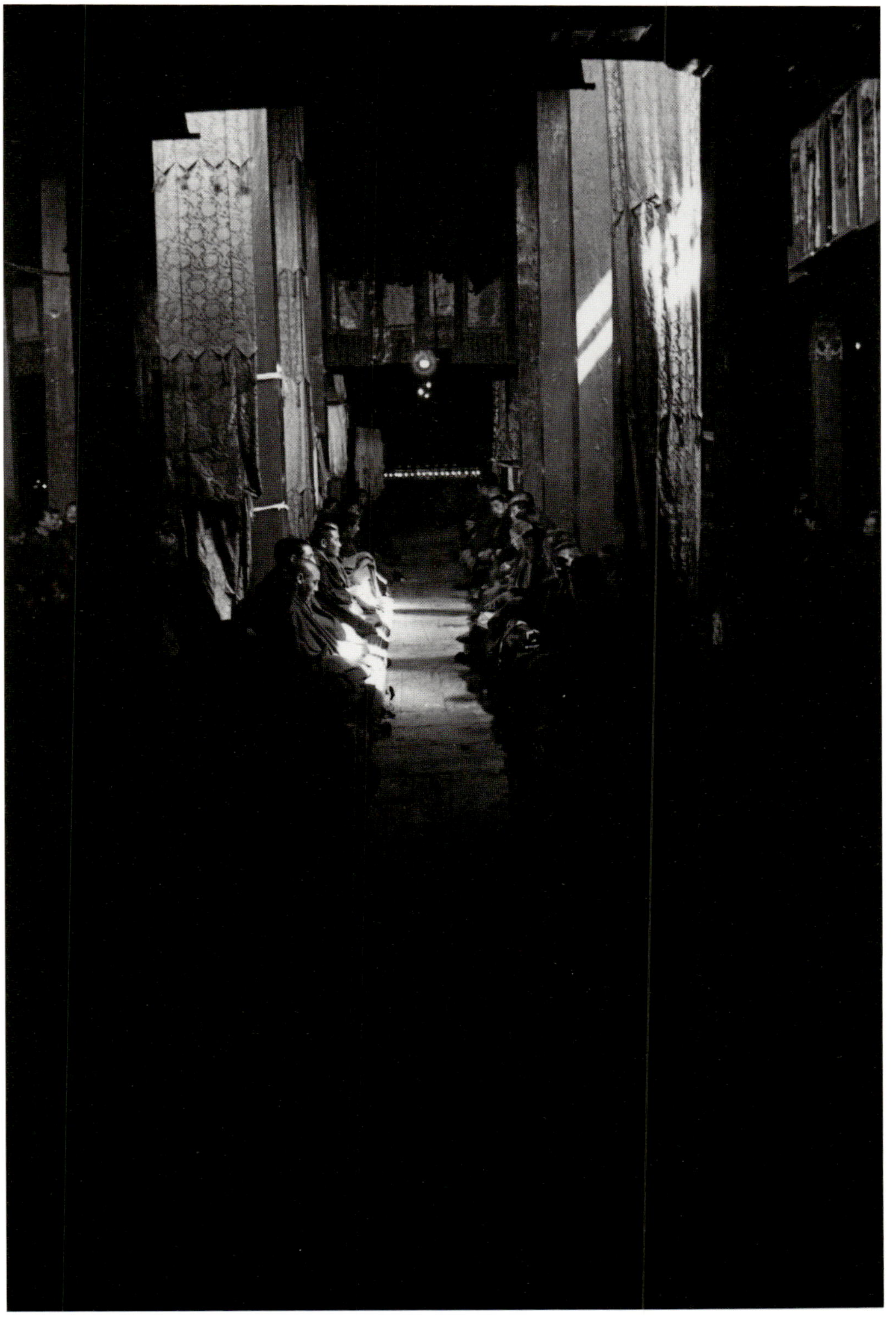

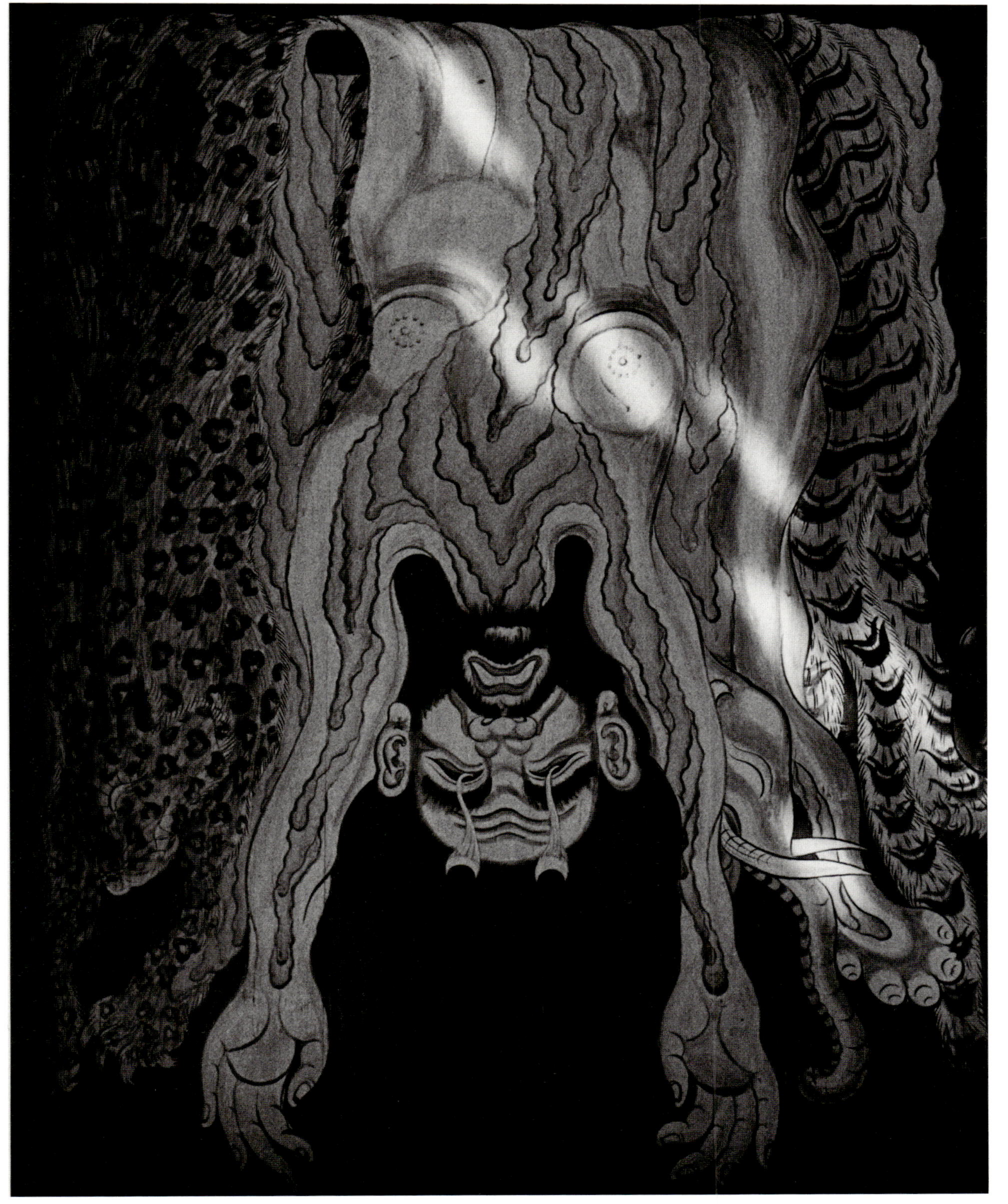

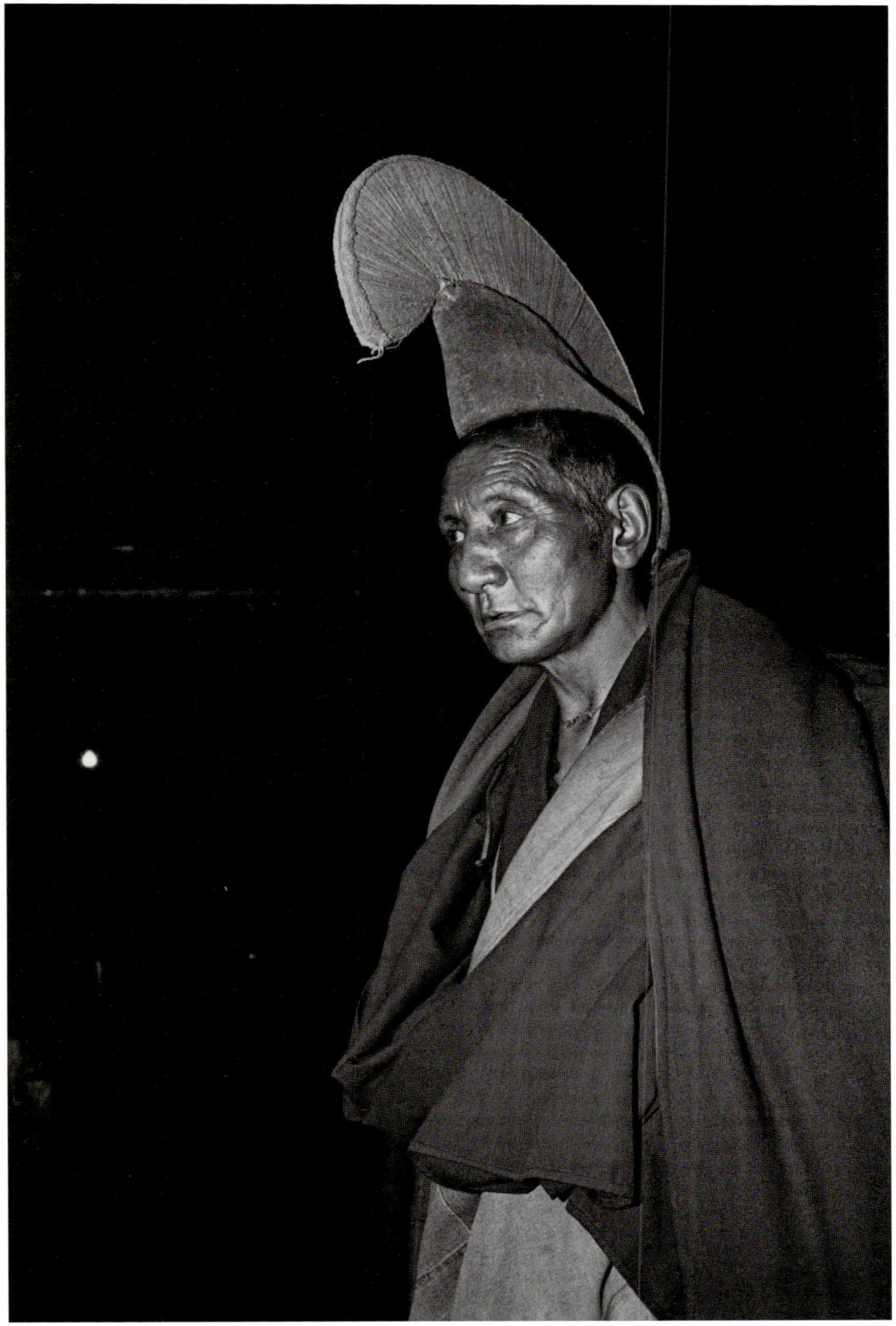

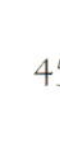

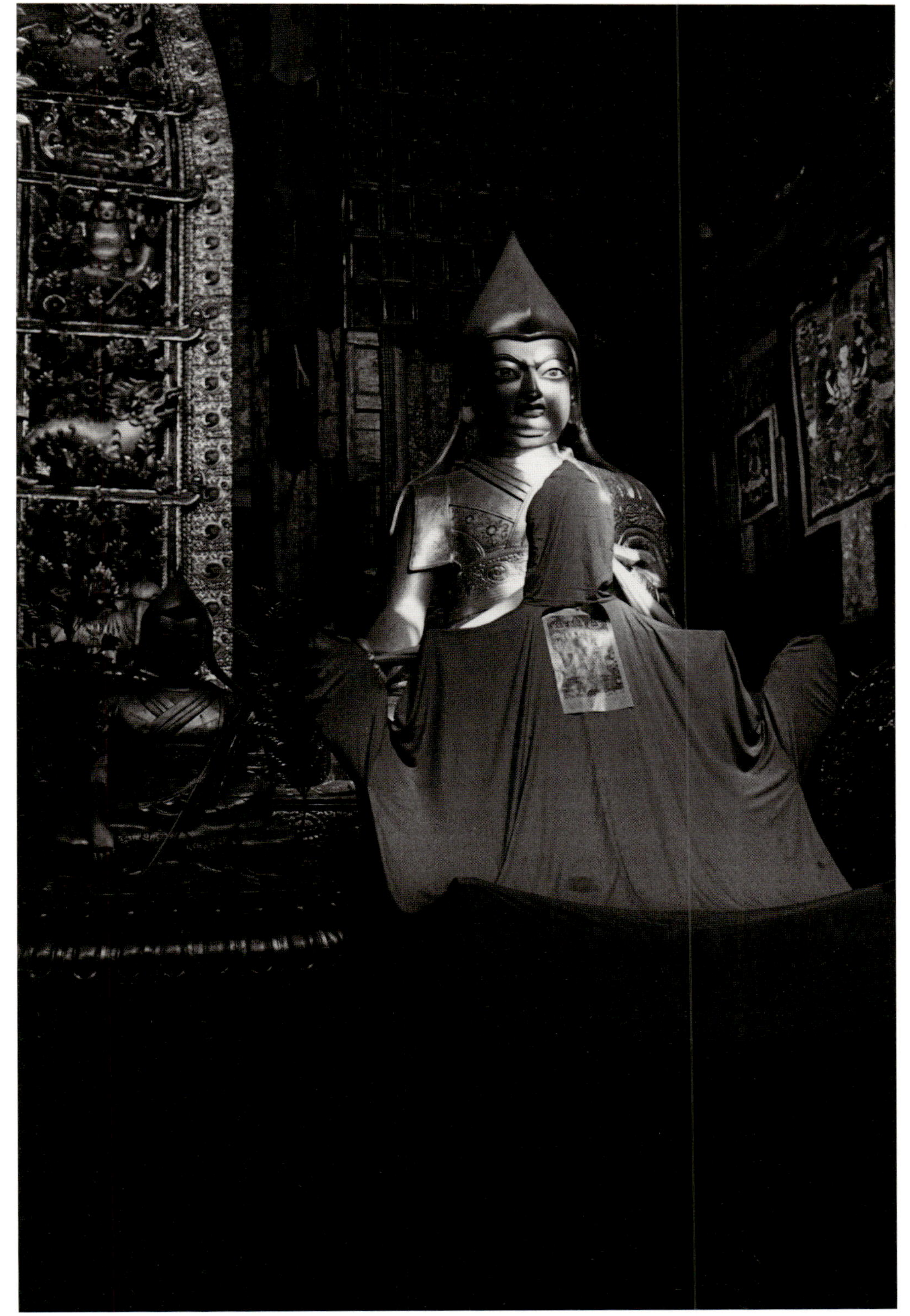

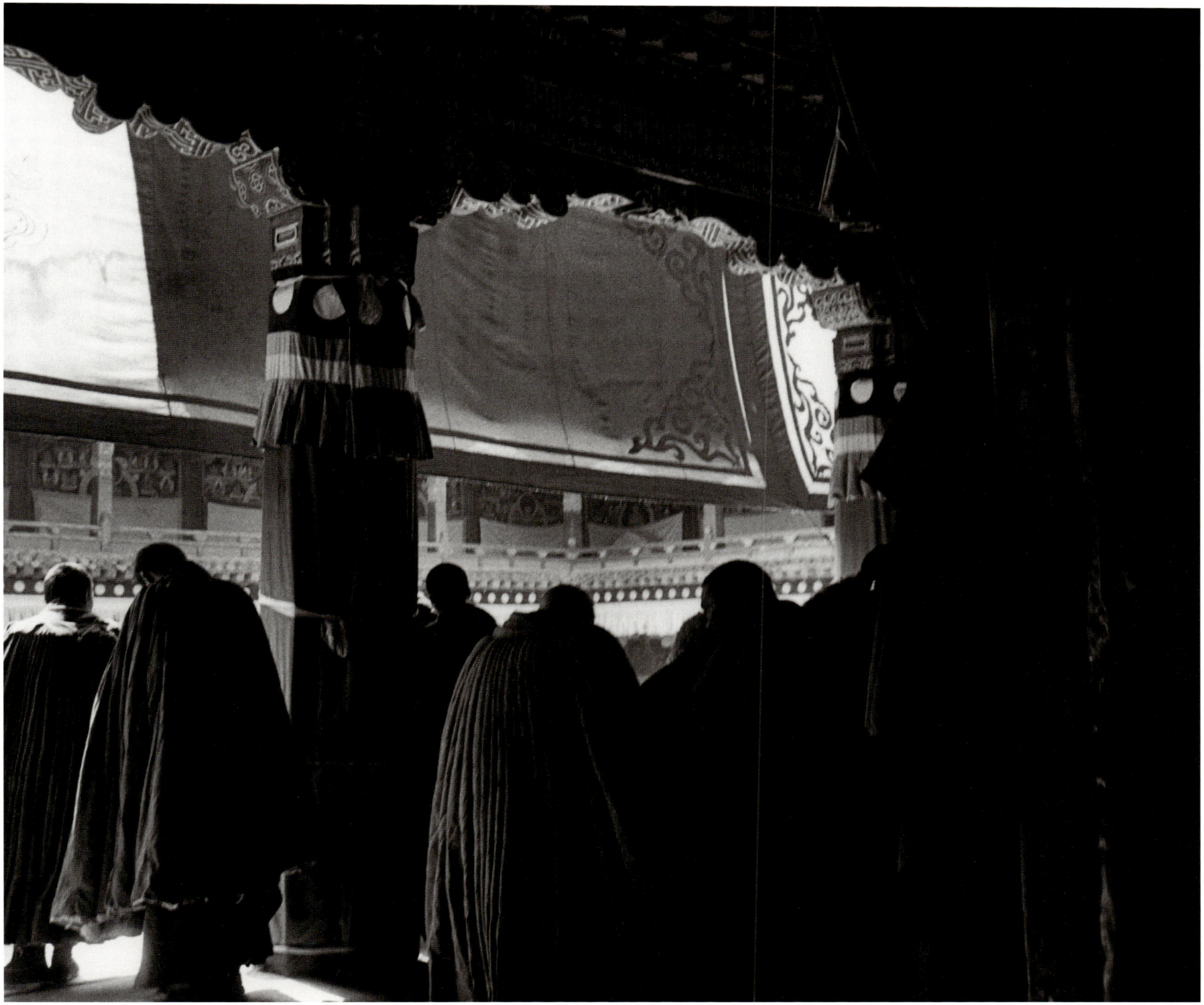

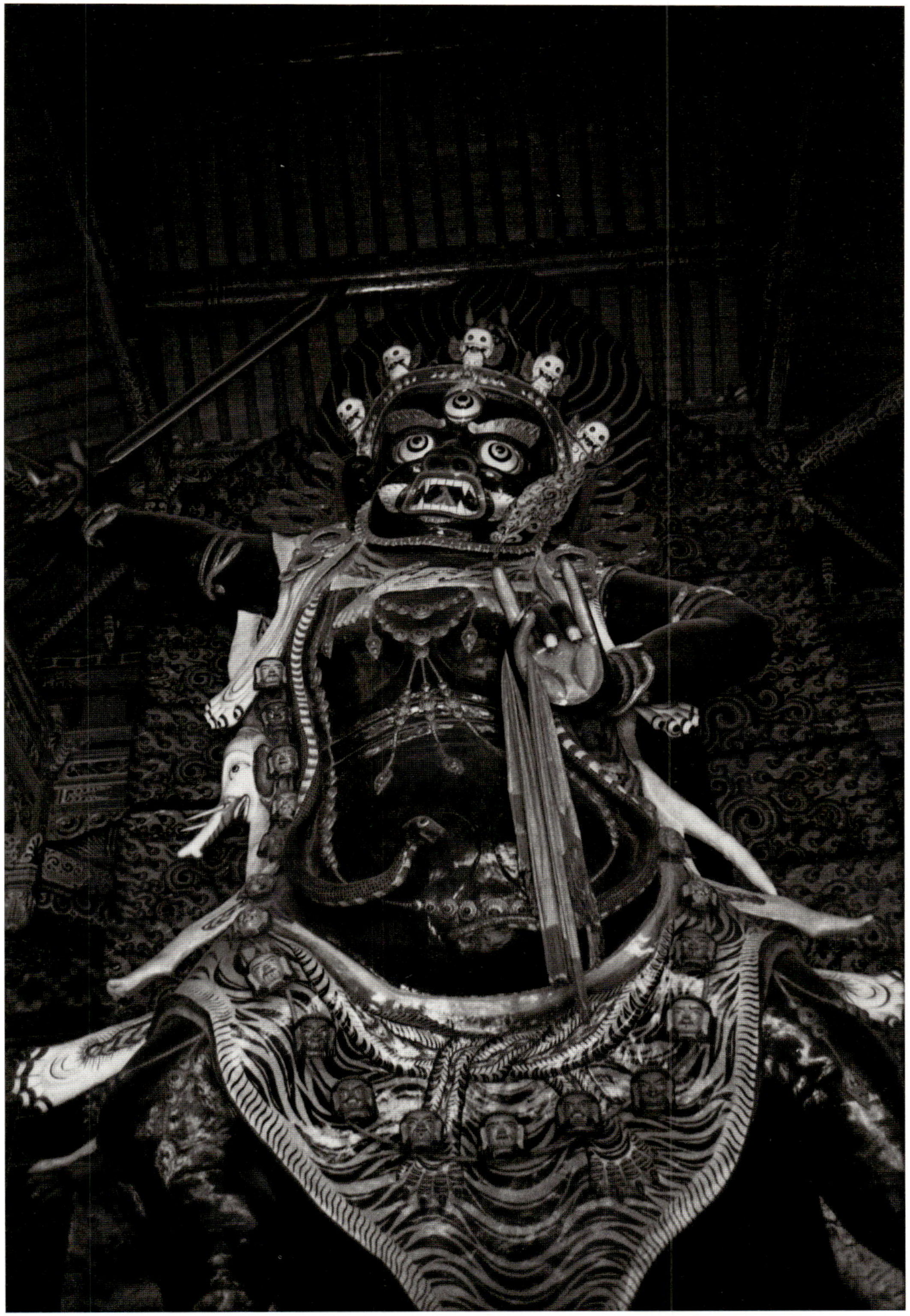

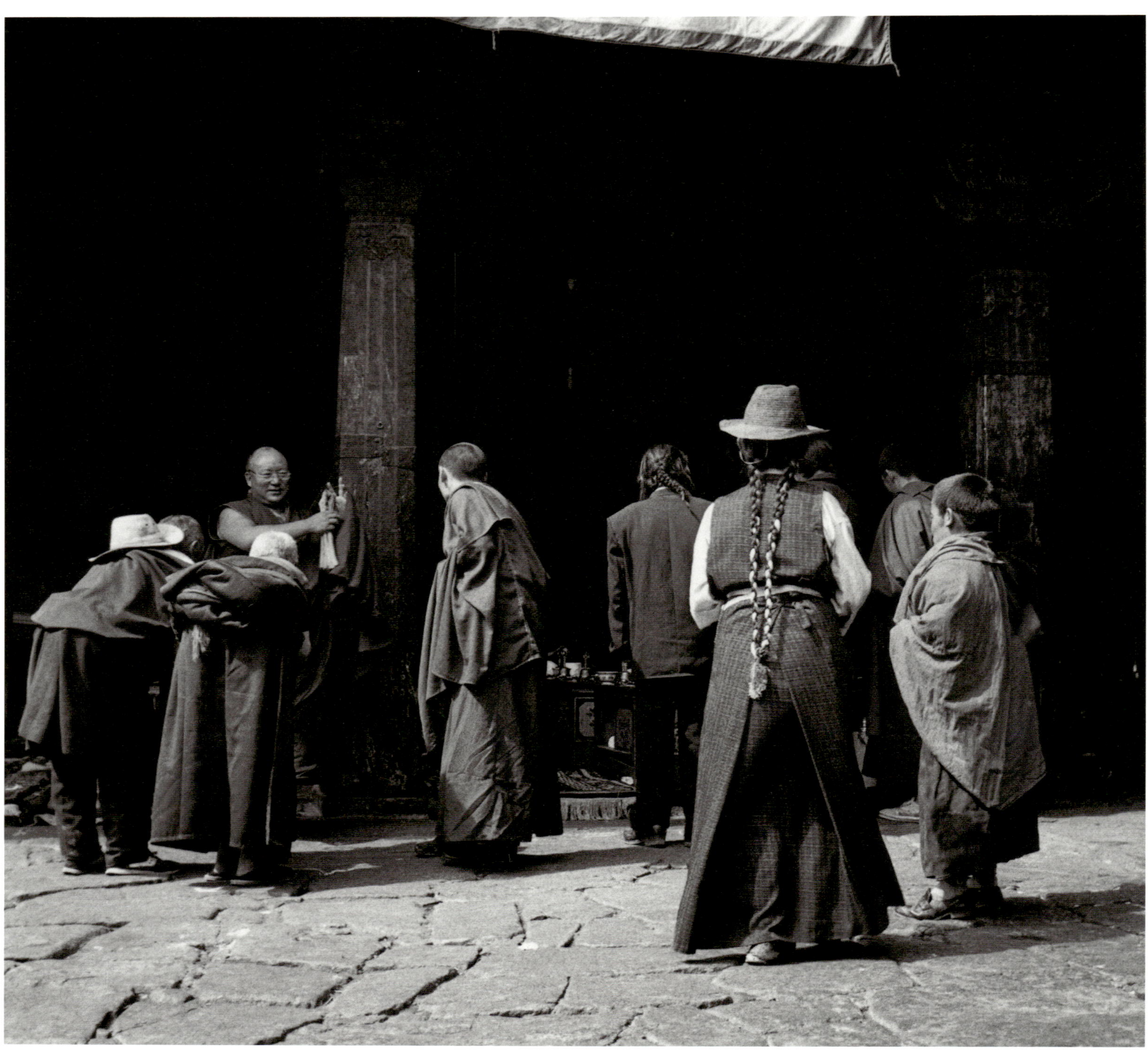

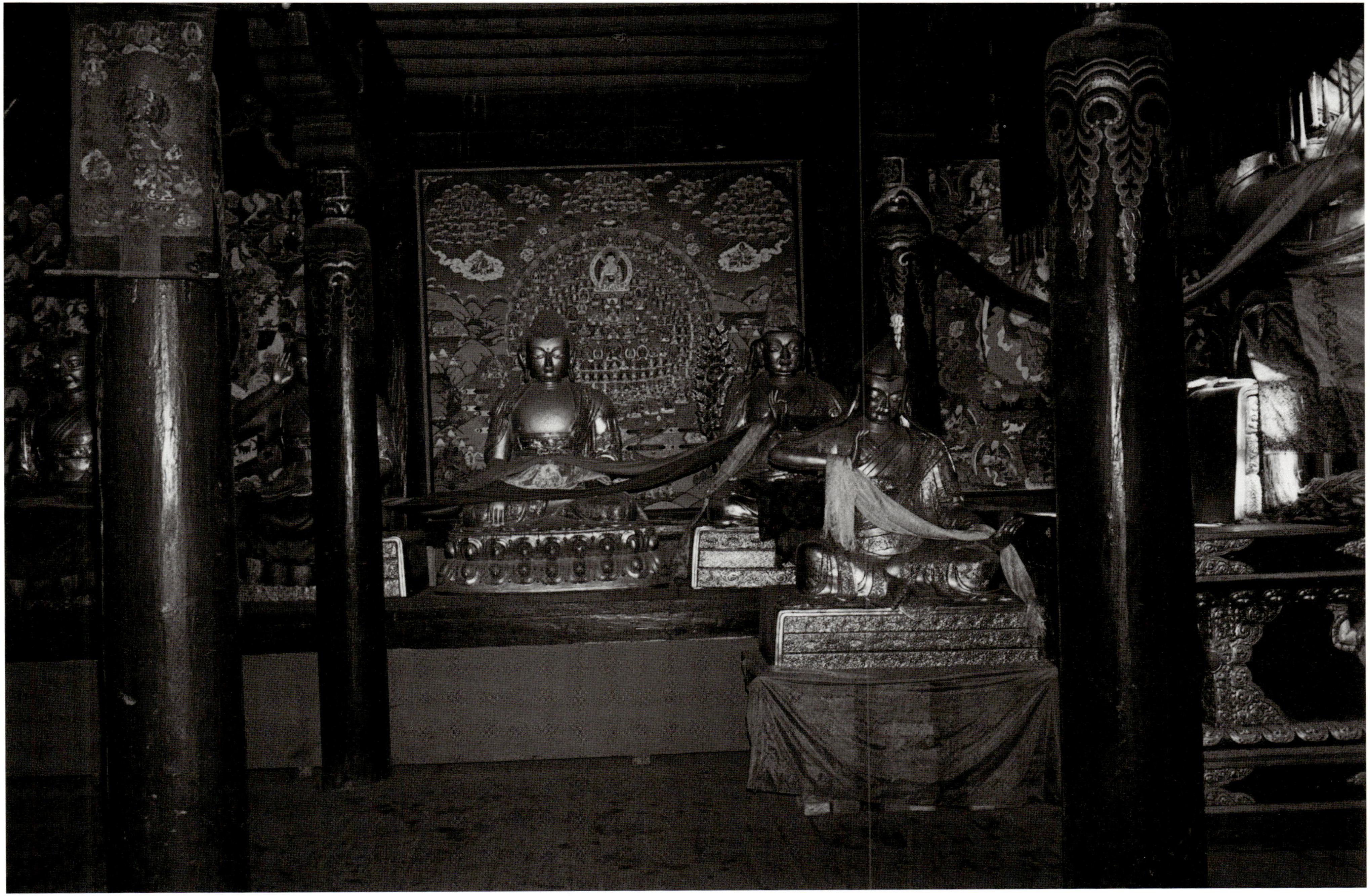

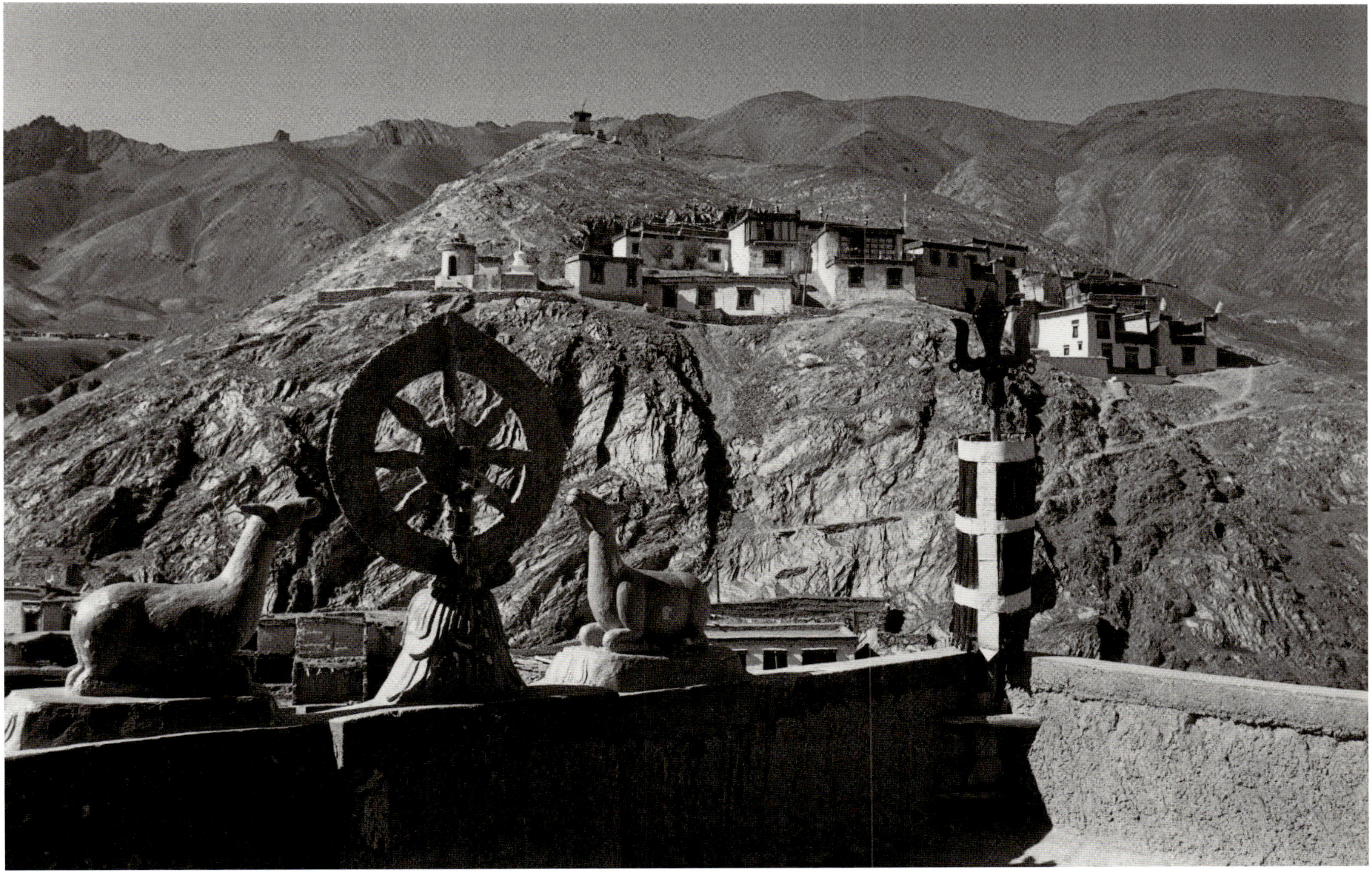

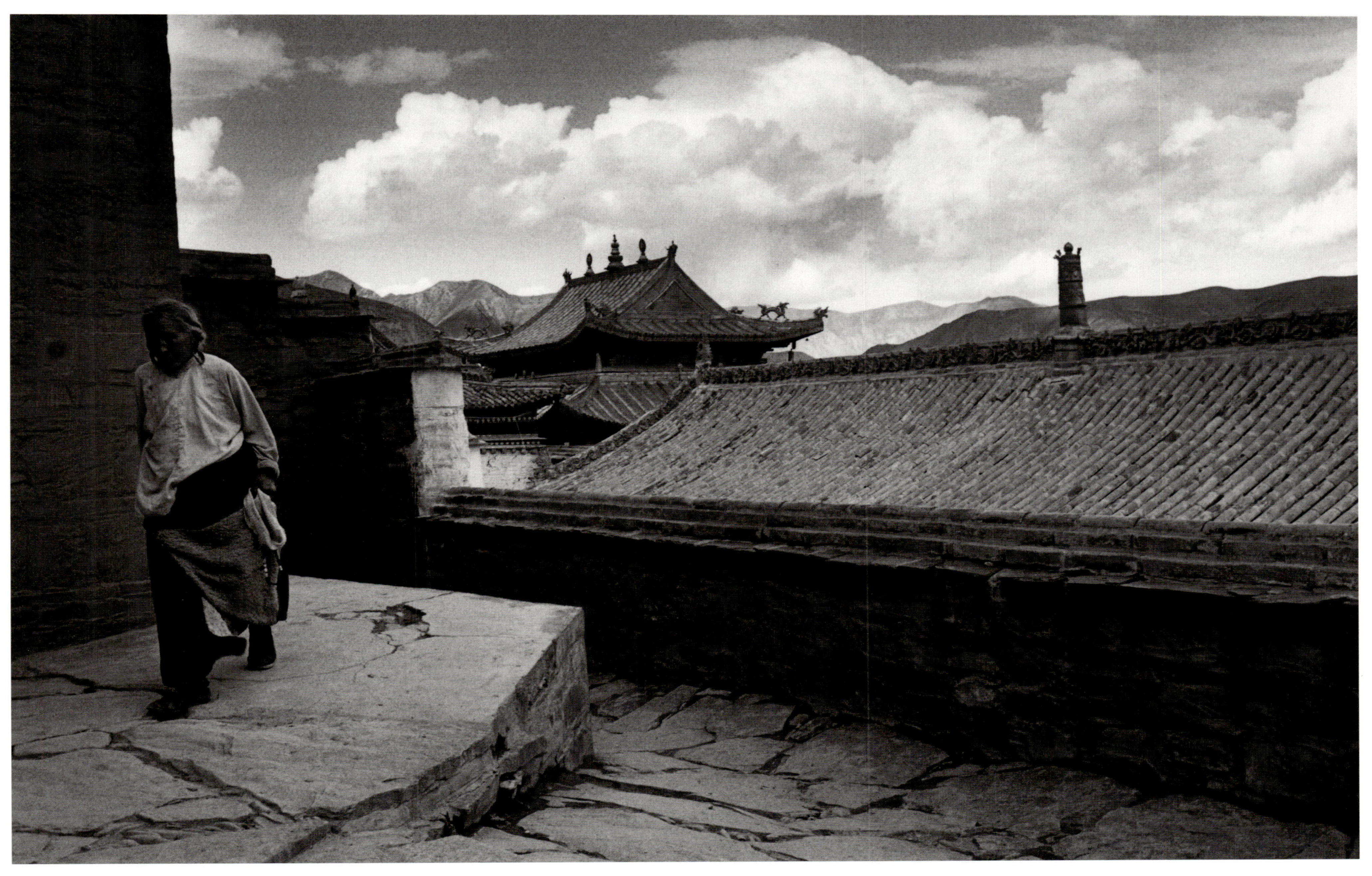

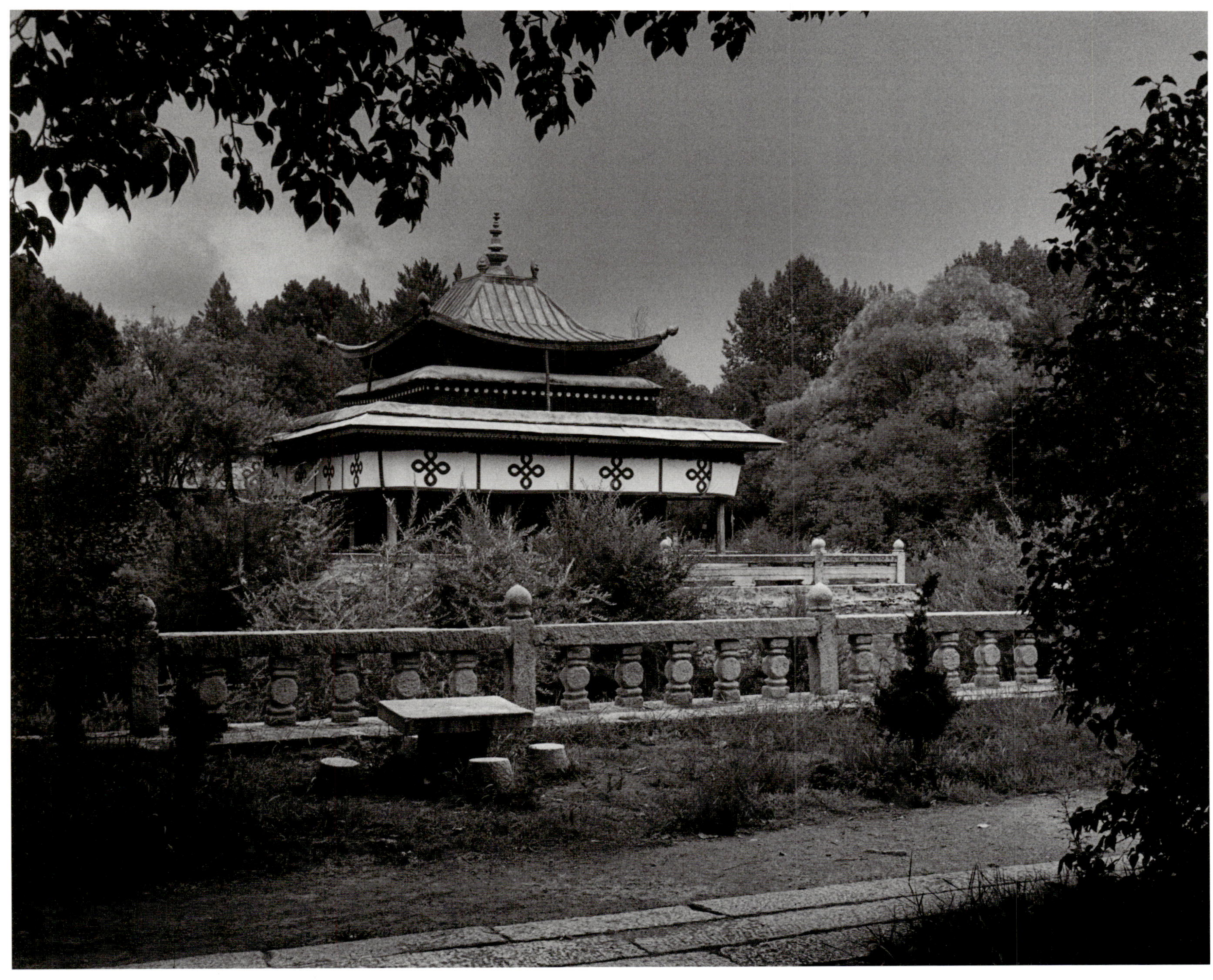

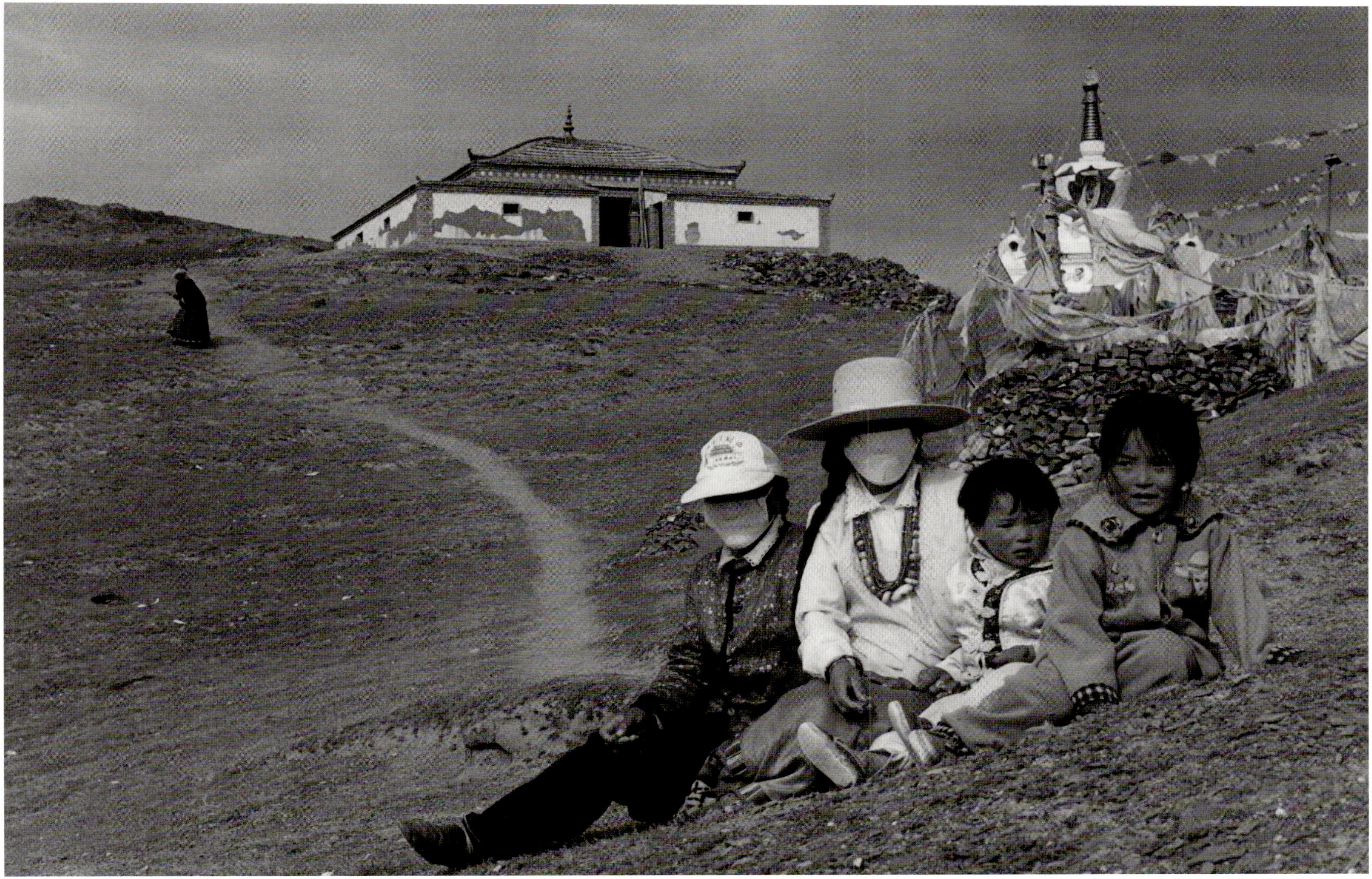

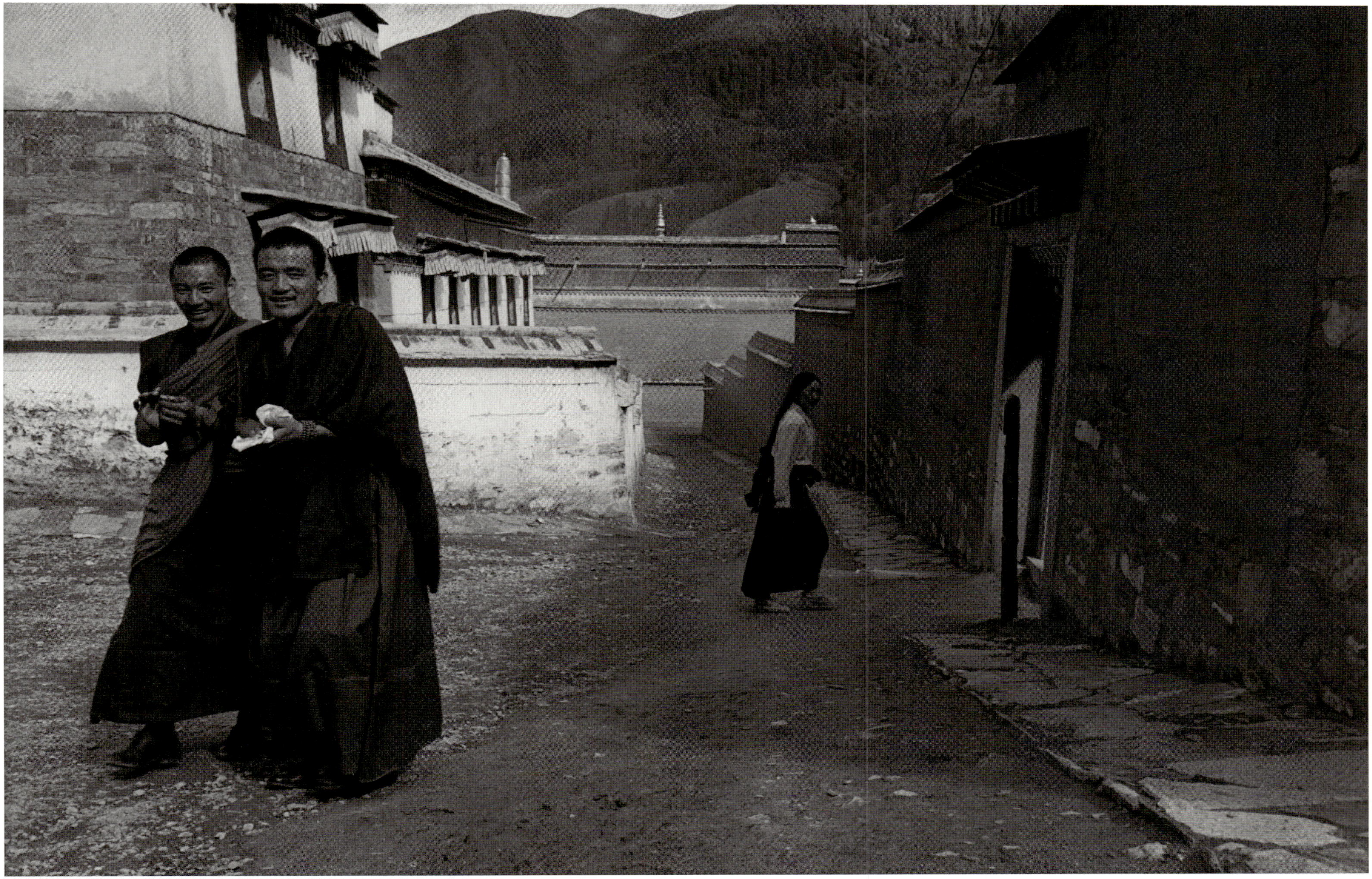

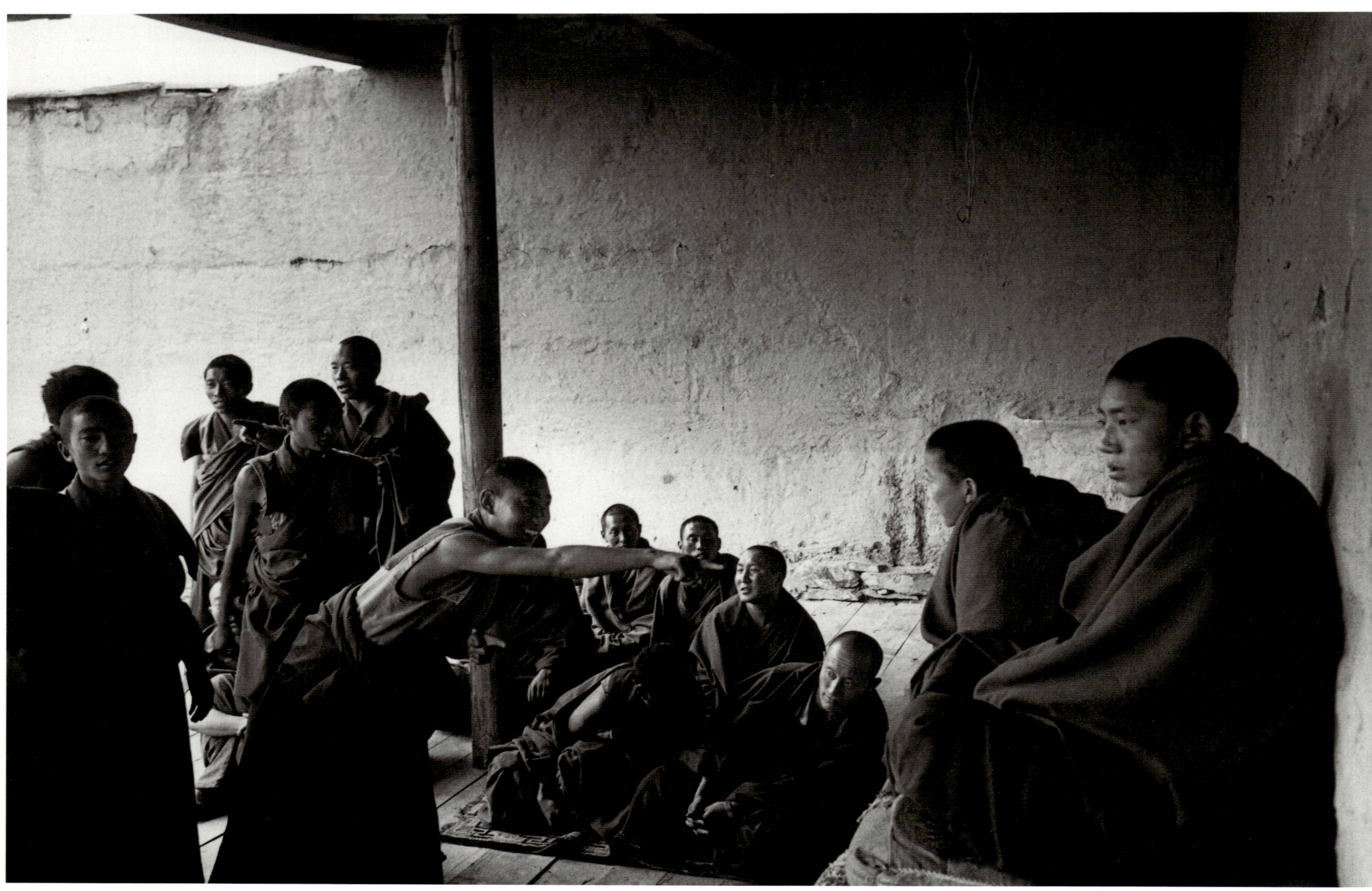

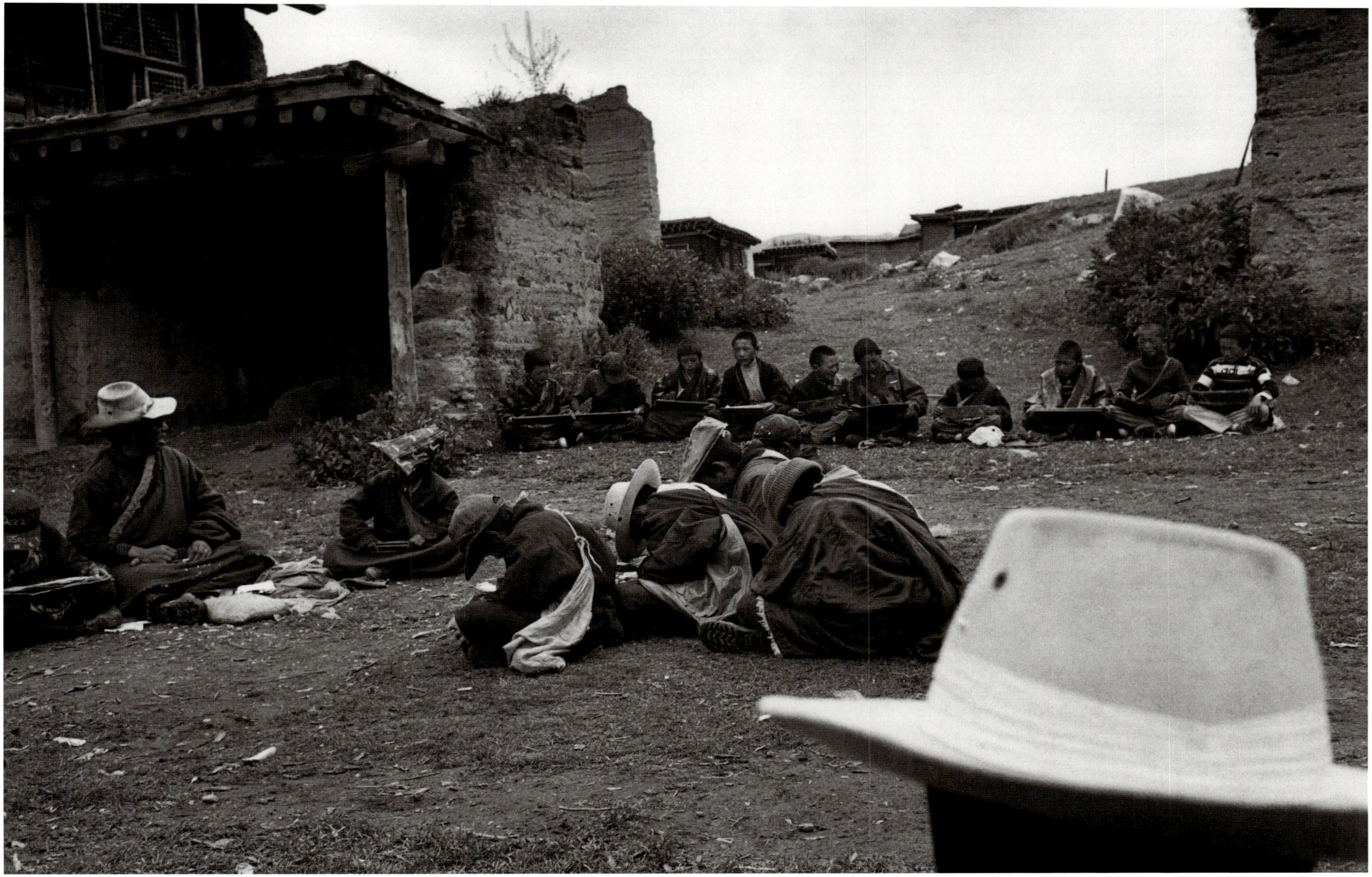

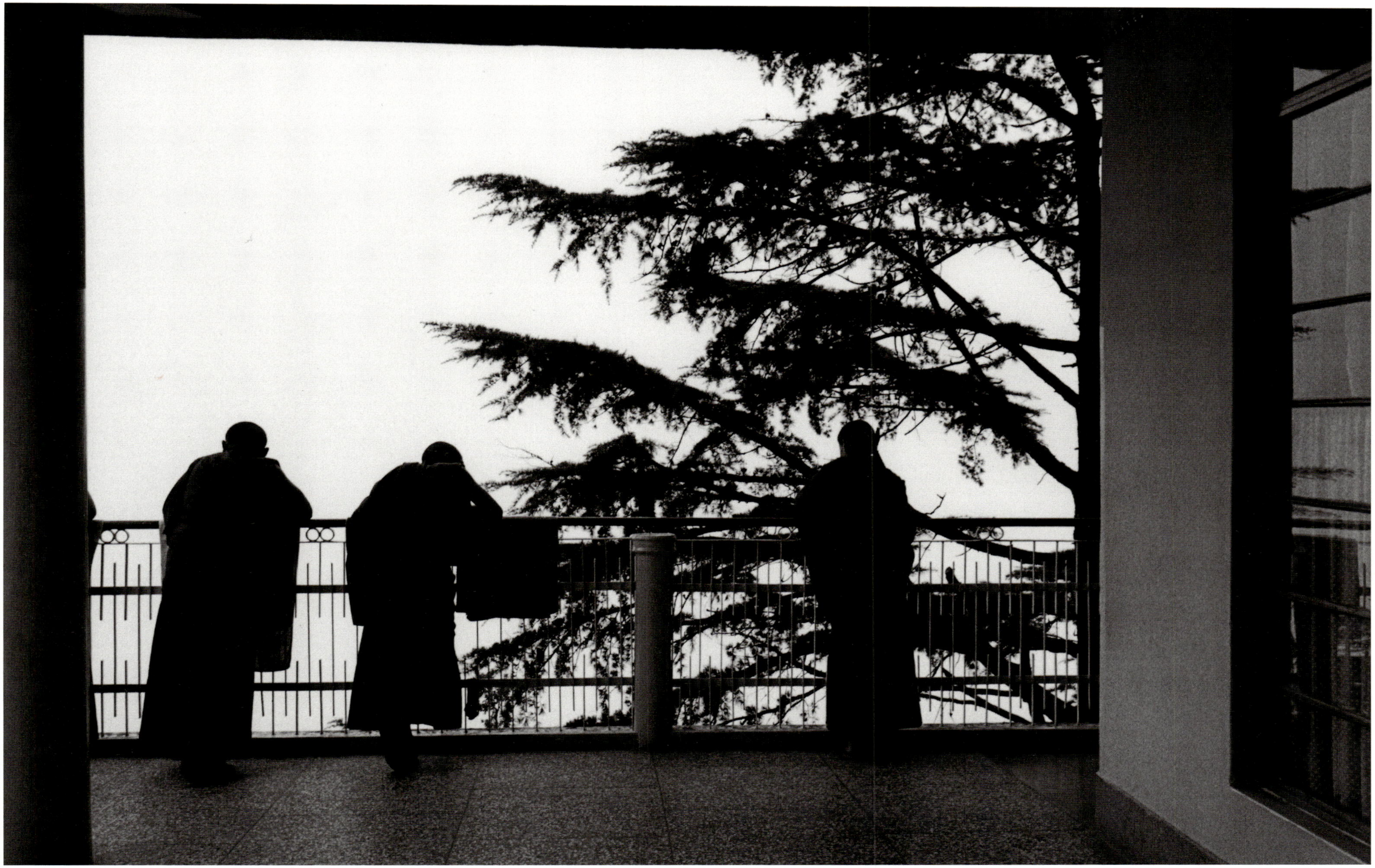

Ora, con volontà concentrata,
pensa che tutte queste cose sono un sogno, un'illusione, un'eco, un miraggio,
paragonabile al riflesso della luna sull'acqua –
immagini senza realtà e senza sostanza, inesistenti e fuorvianti.

Now, with concentrated will,
he thinks that all these things are a dream, an illusion, an echo, a mirage
comparable to moonlight reflected on the water—
images without reality and without substance, inexistent and obsolete.

Bardo Thodol (Il libro tibetano dei morti / Tibetan Book of the Dead)

II

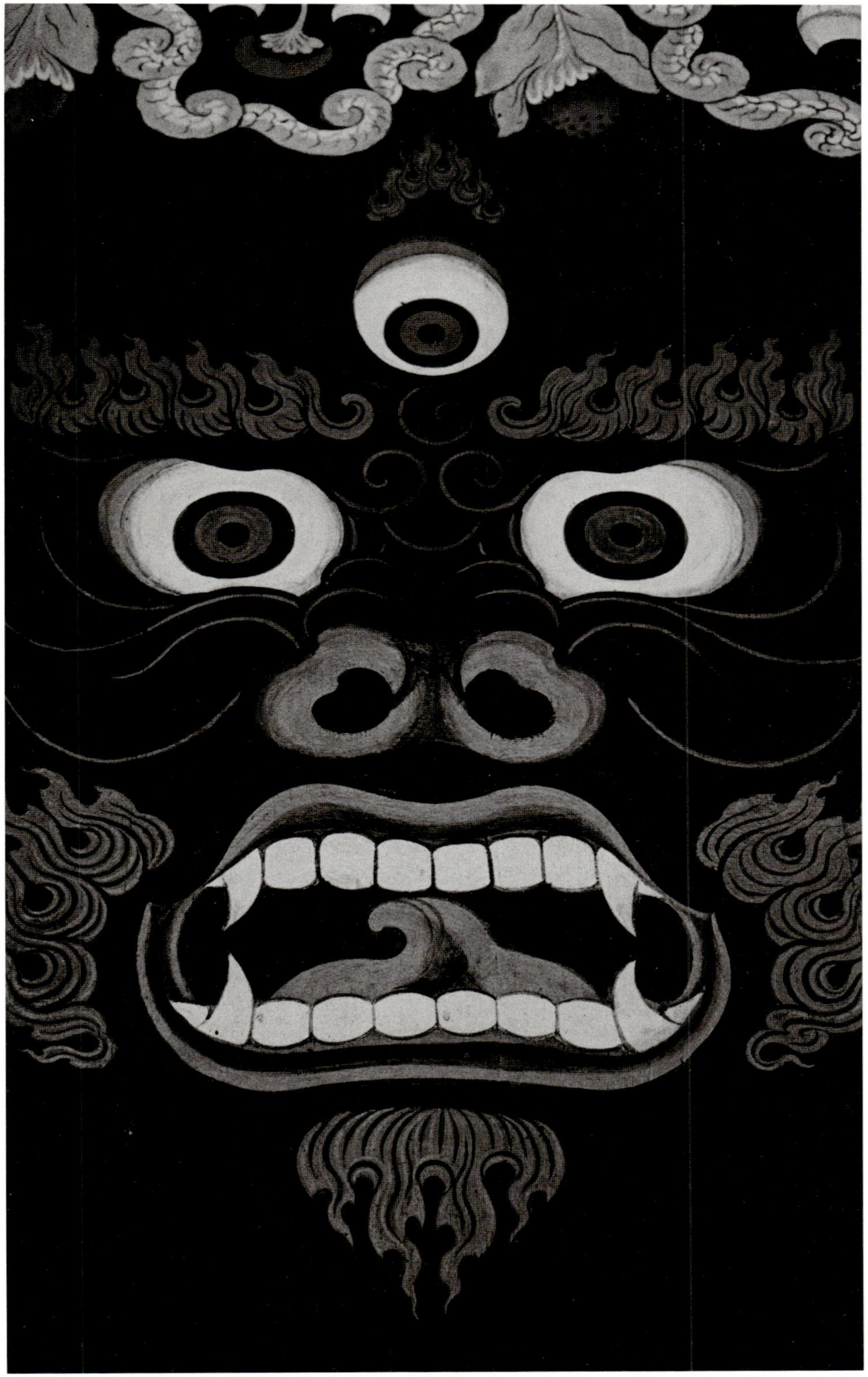

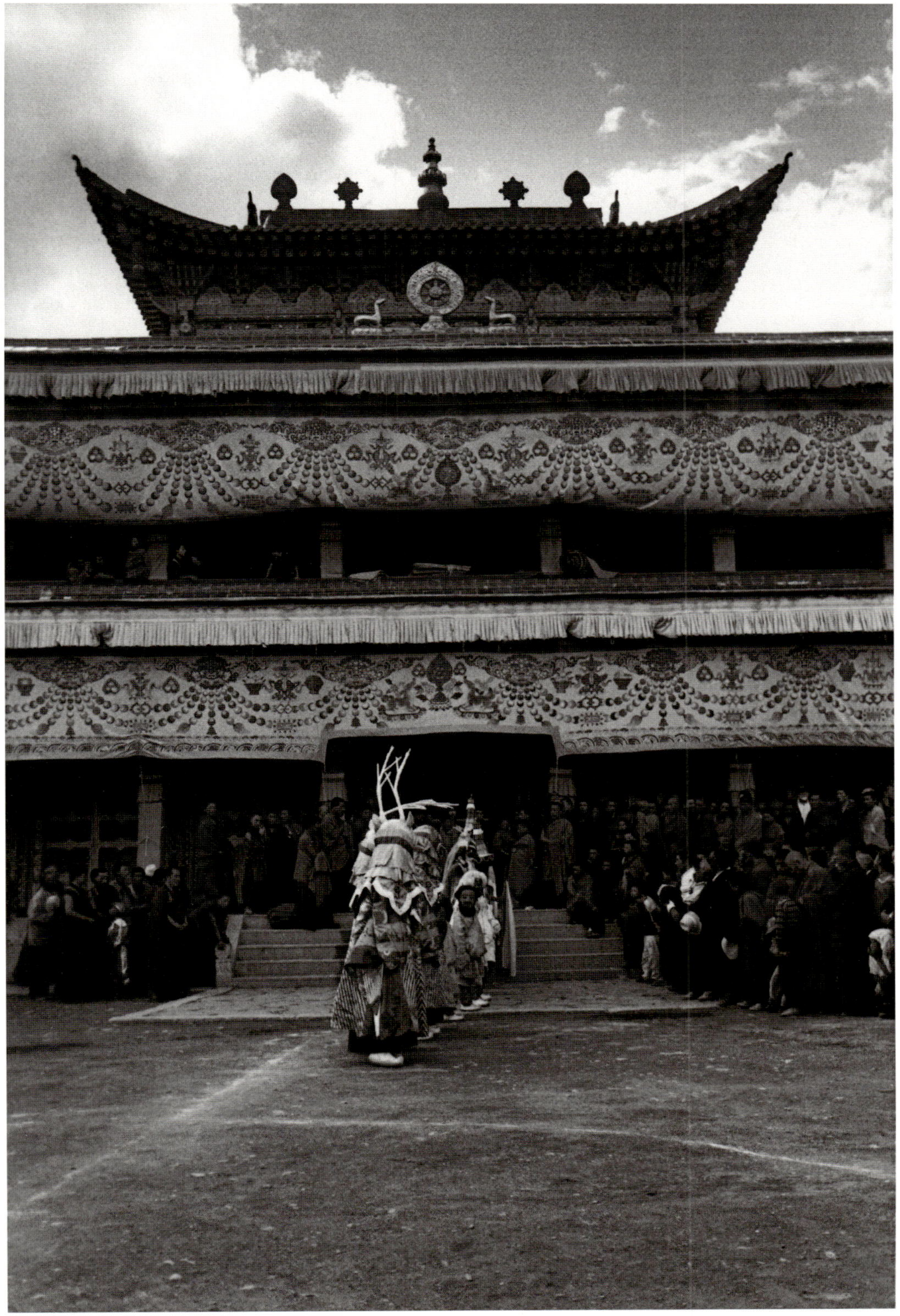

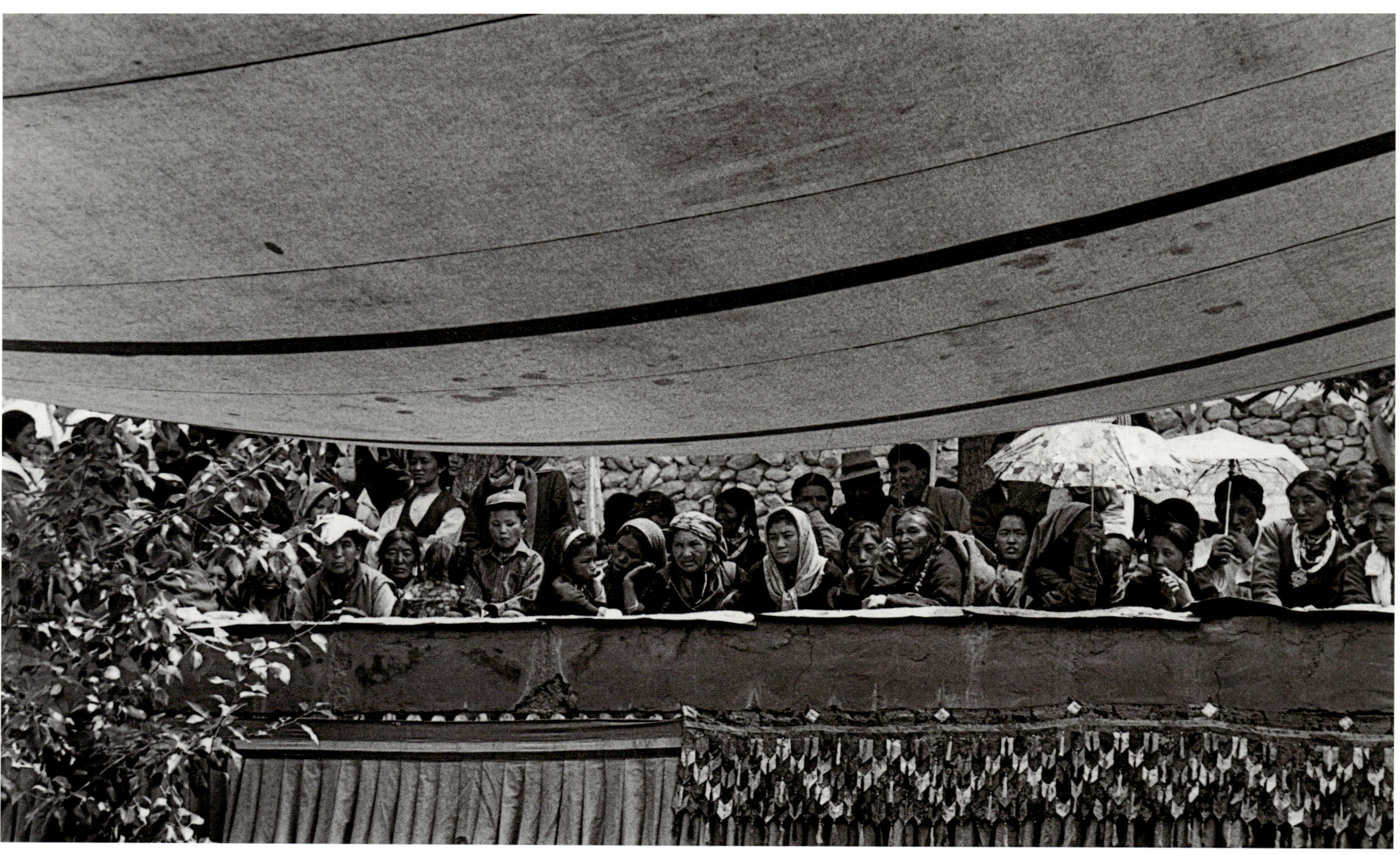

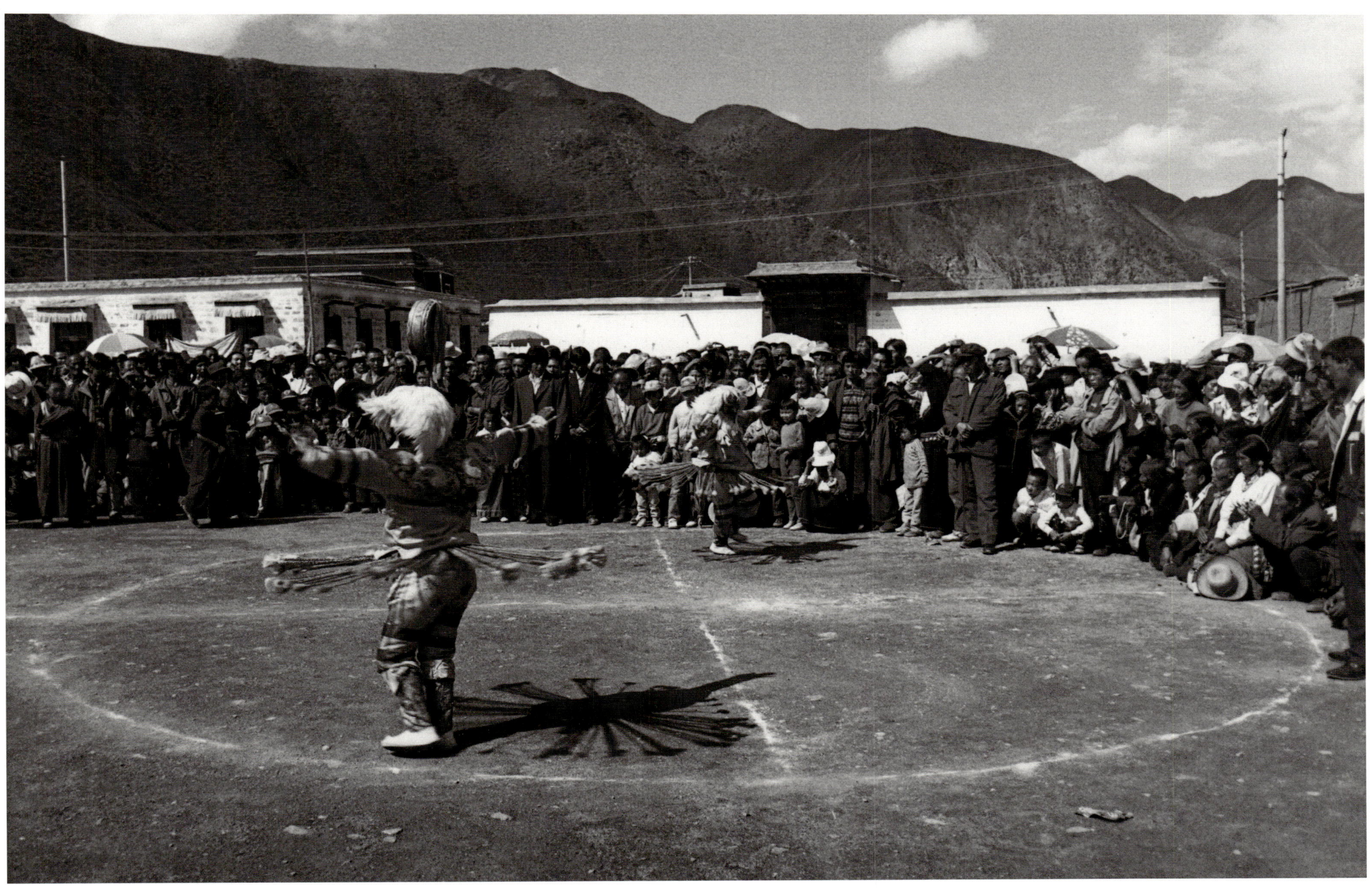

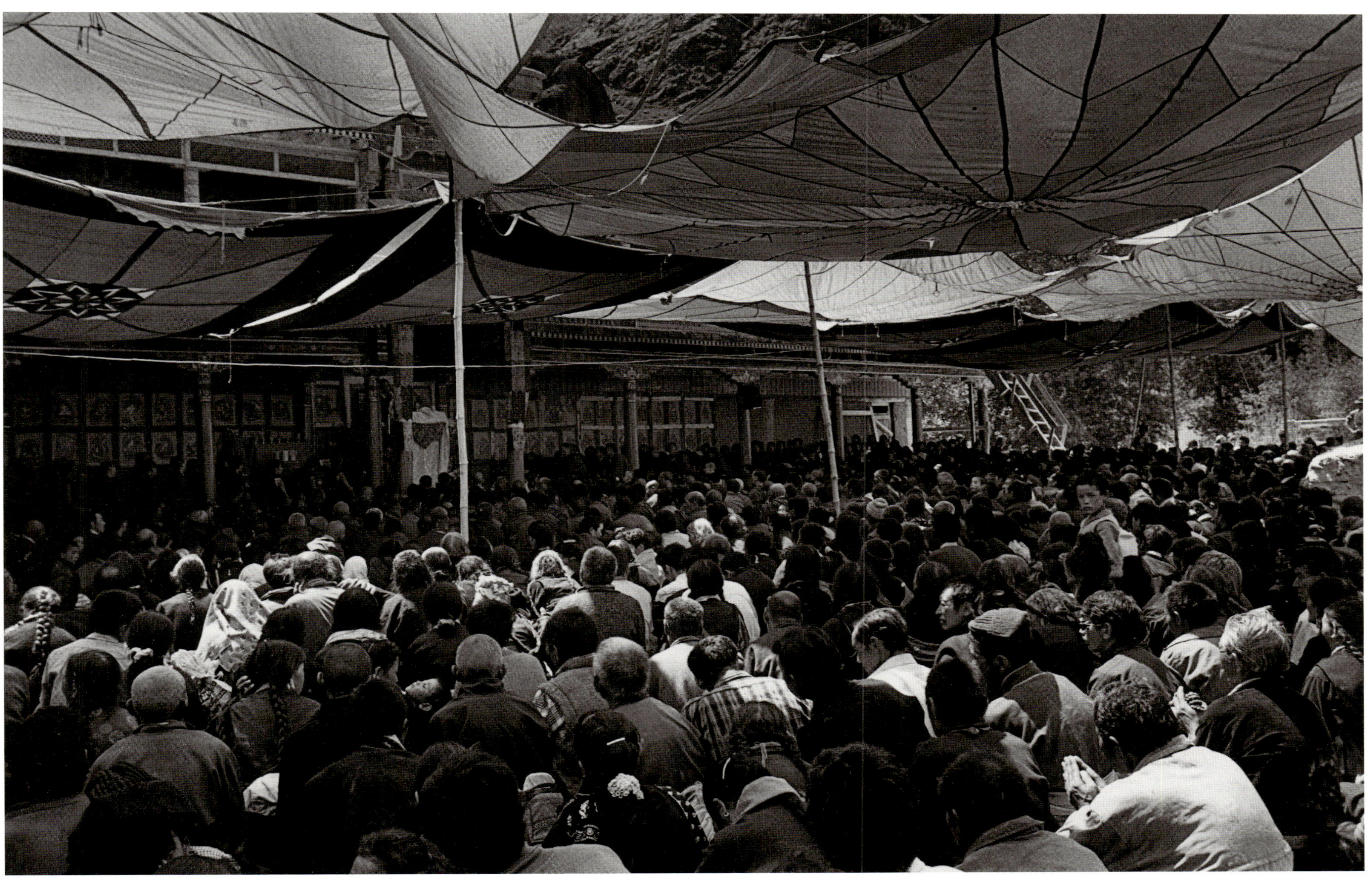

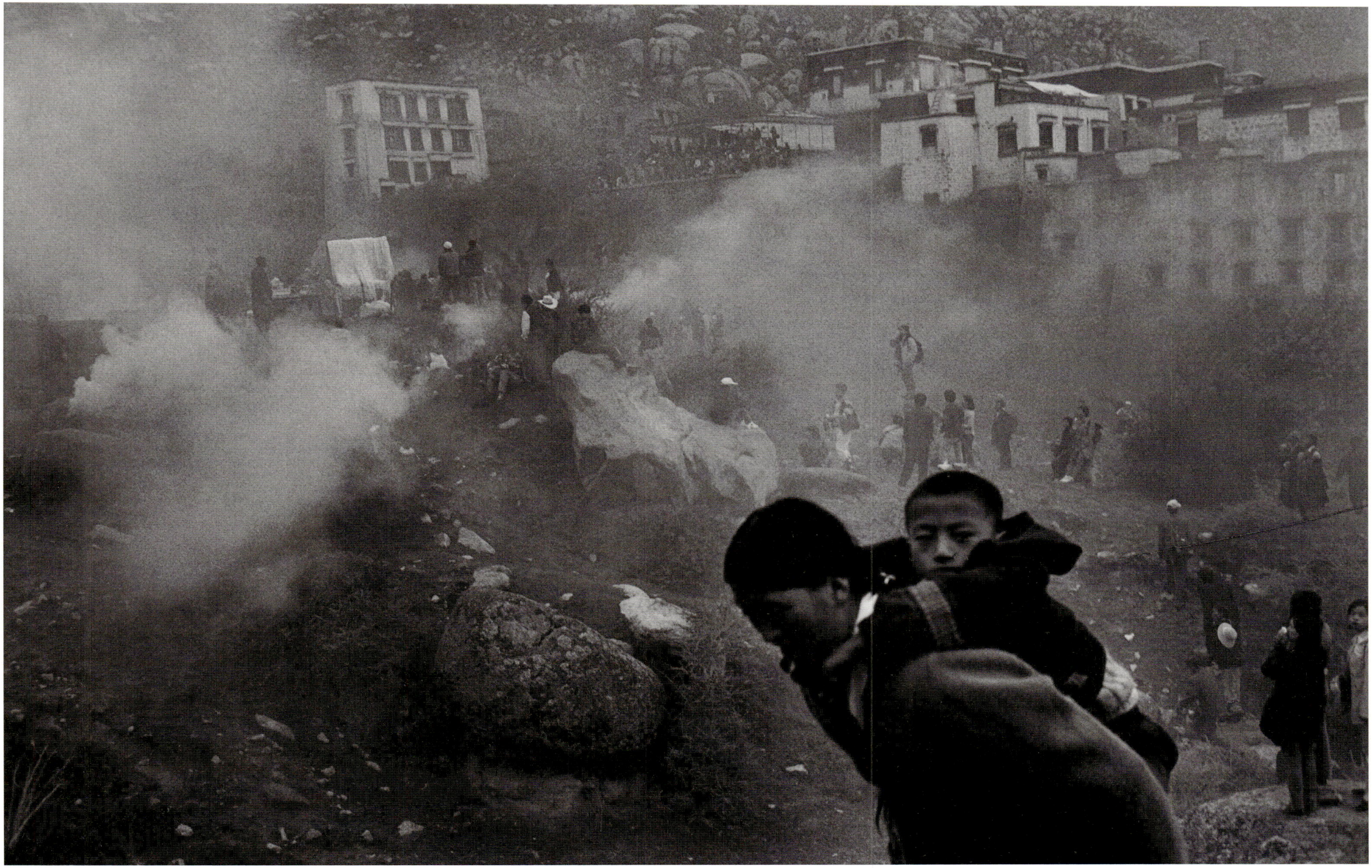

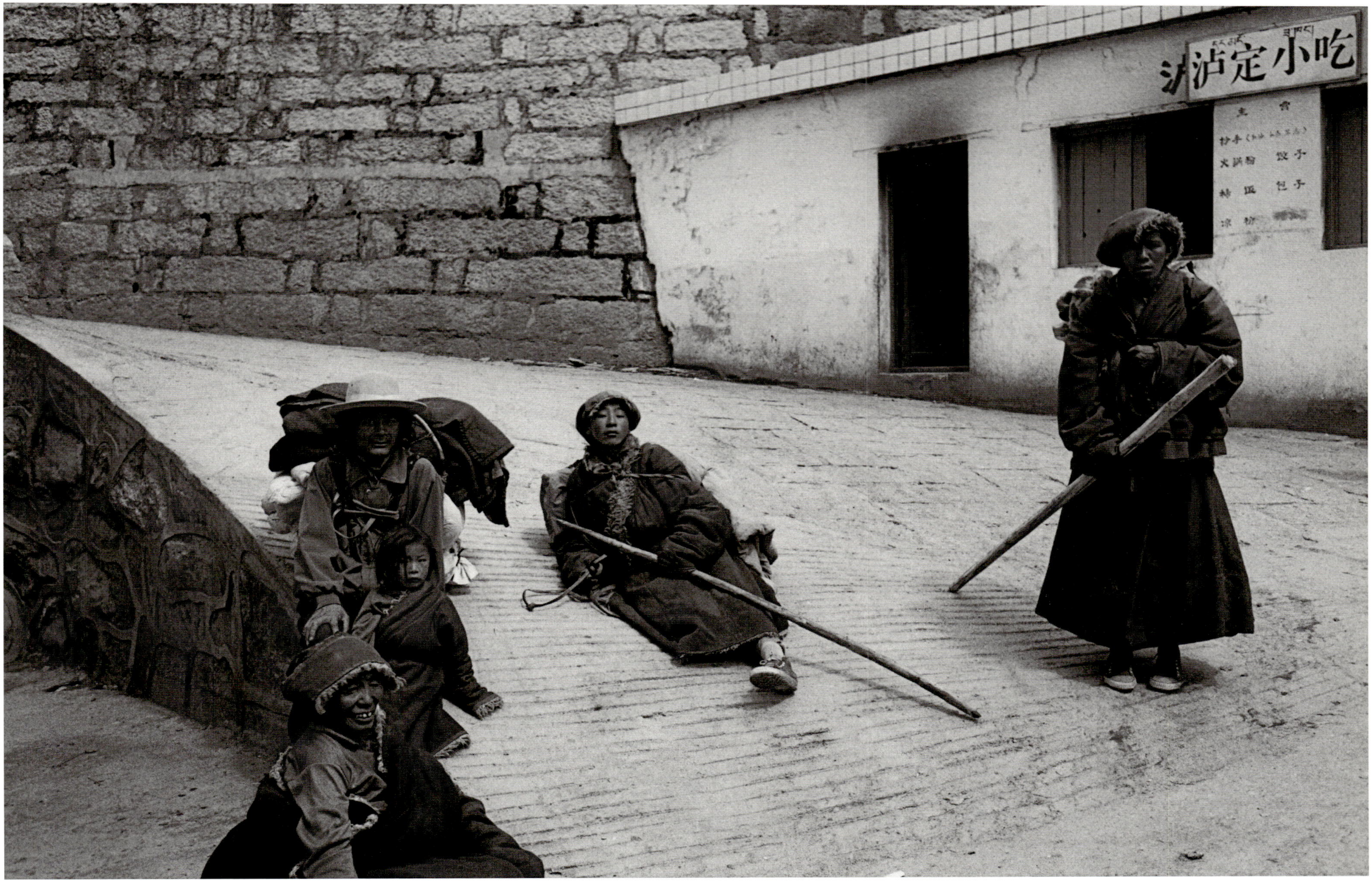

泸定小吃

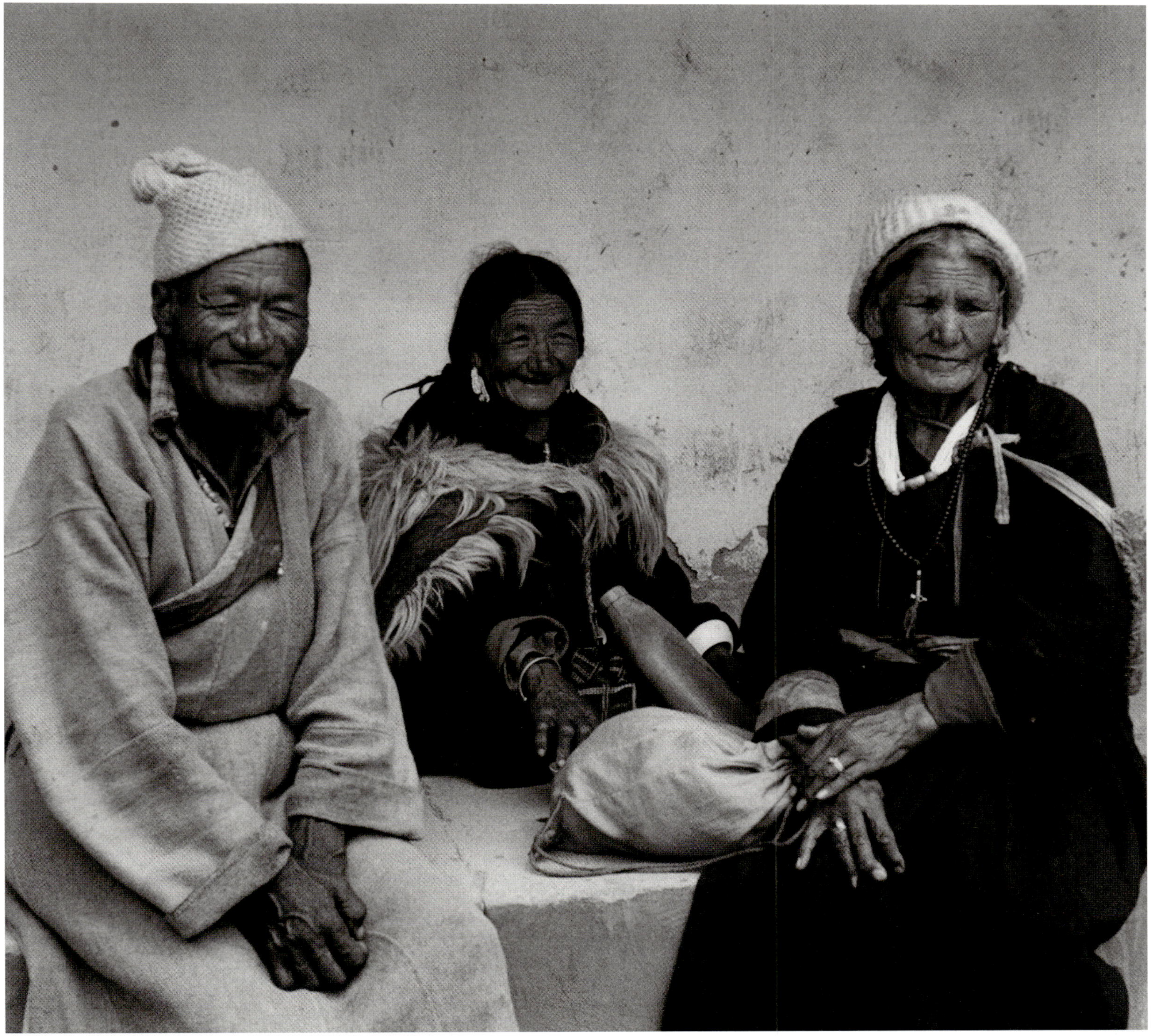

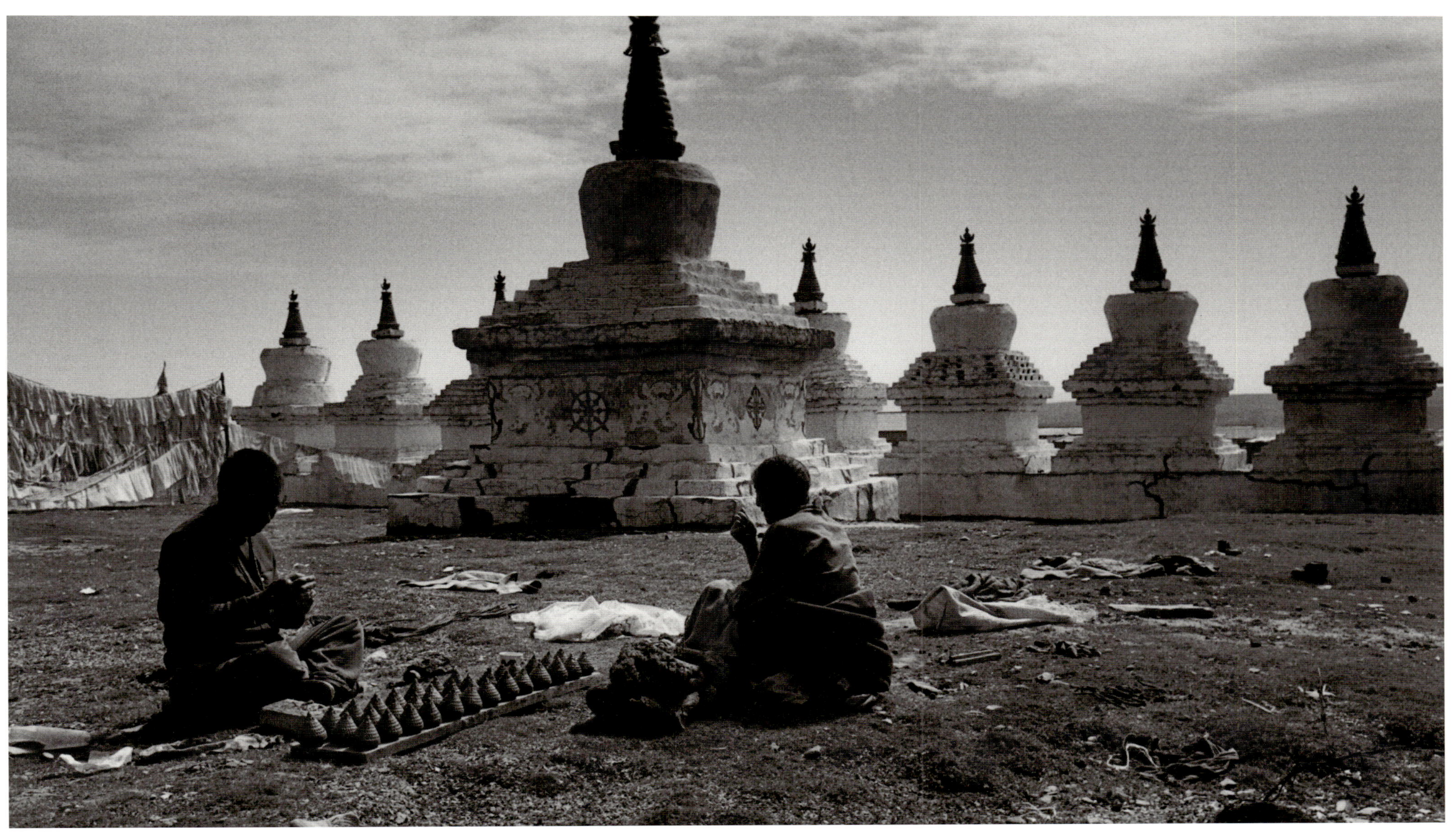

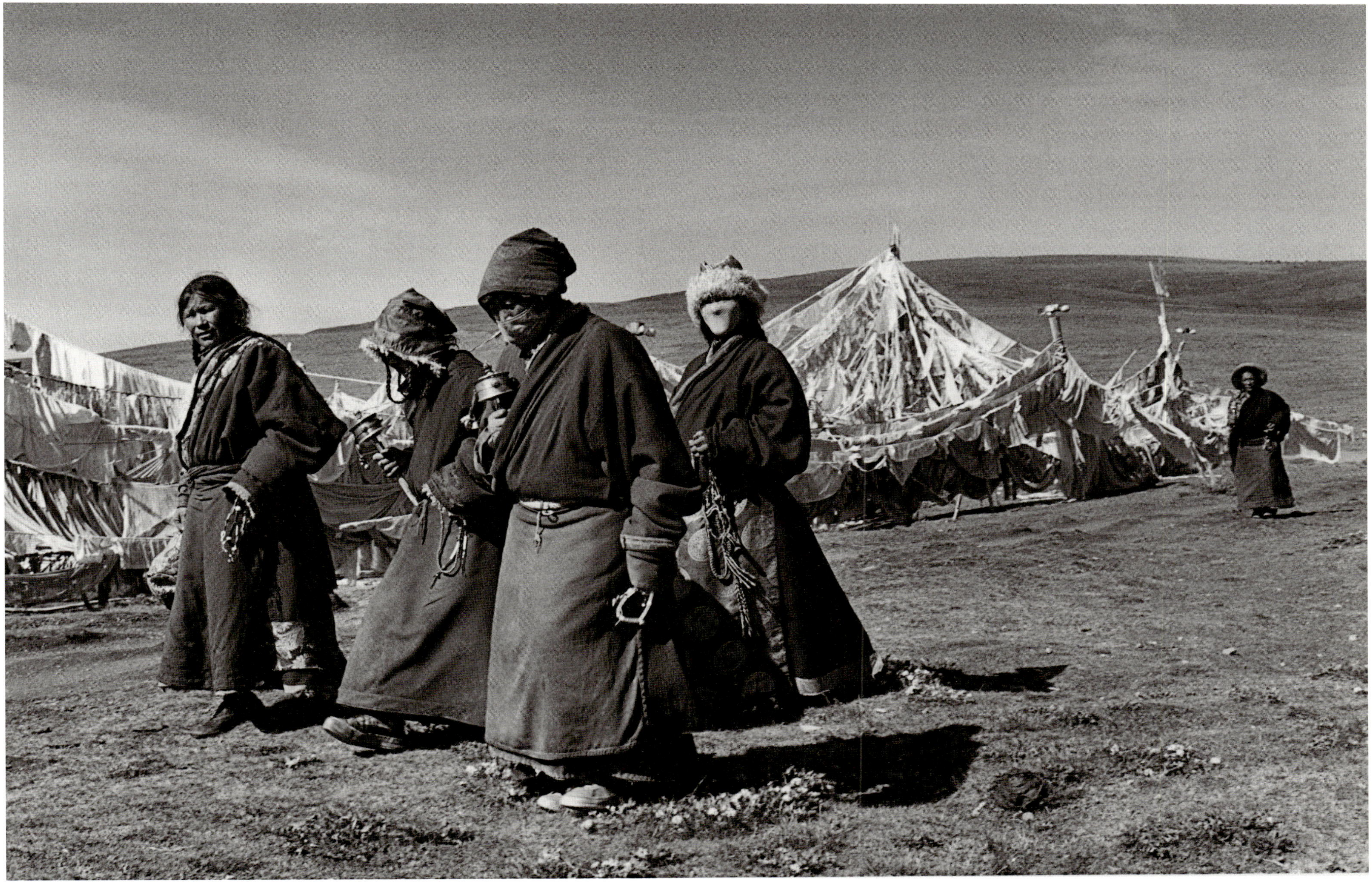

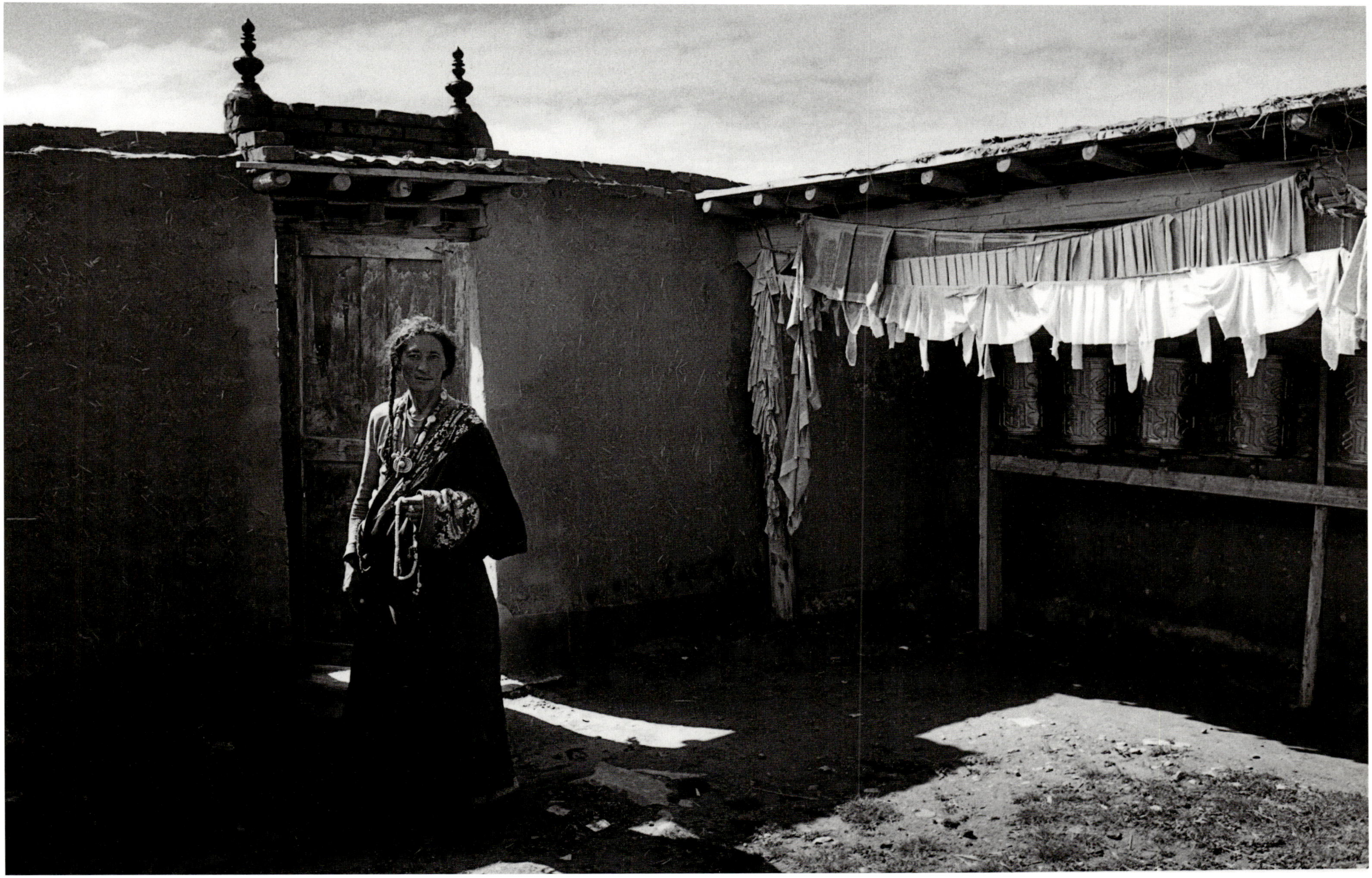

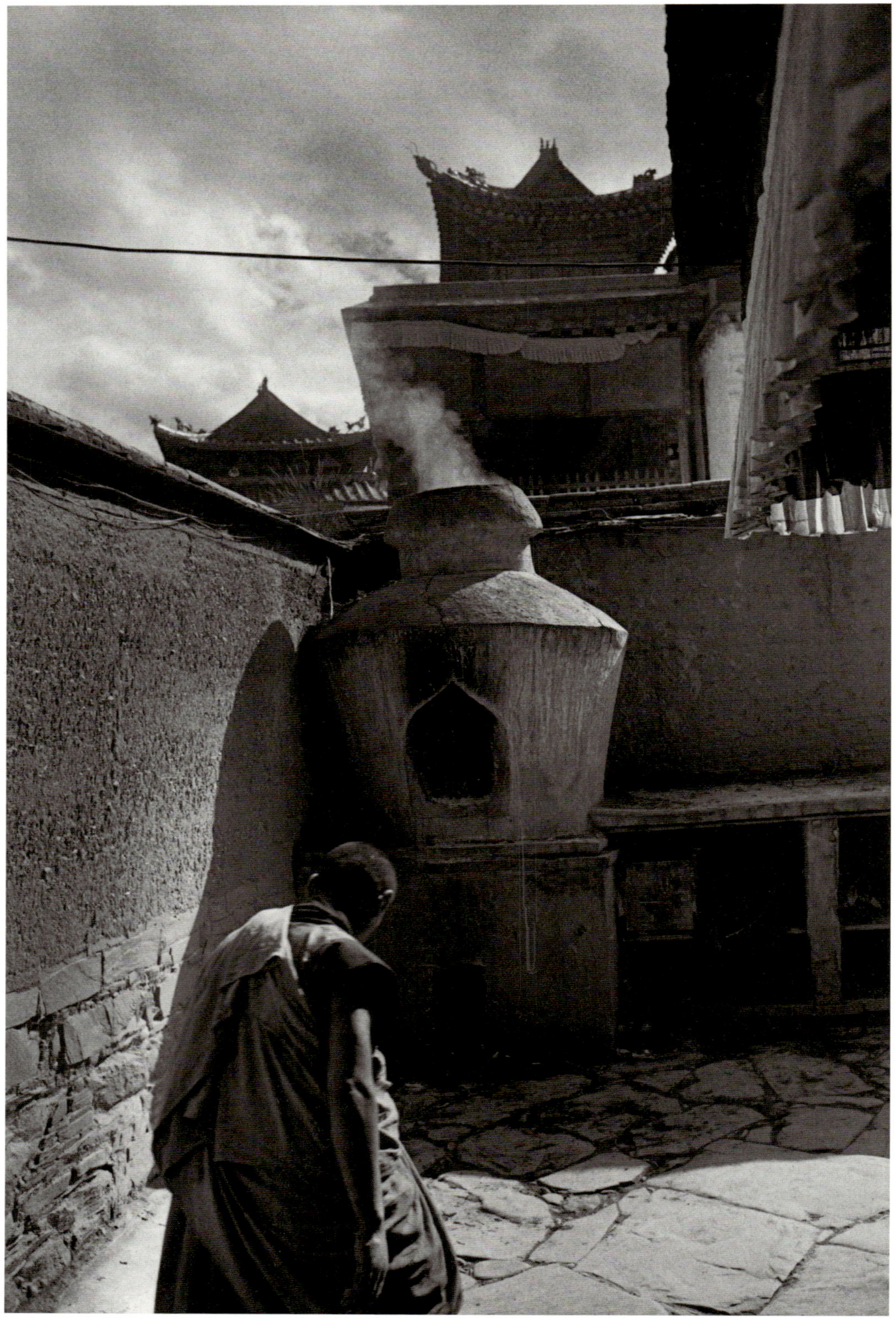

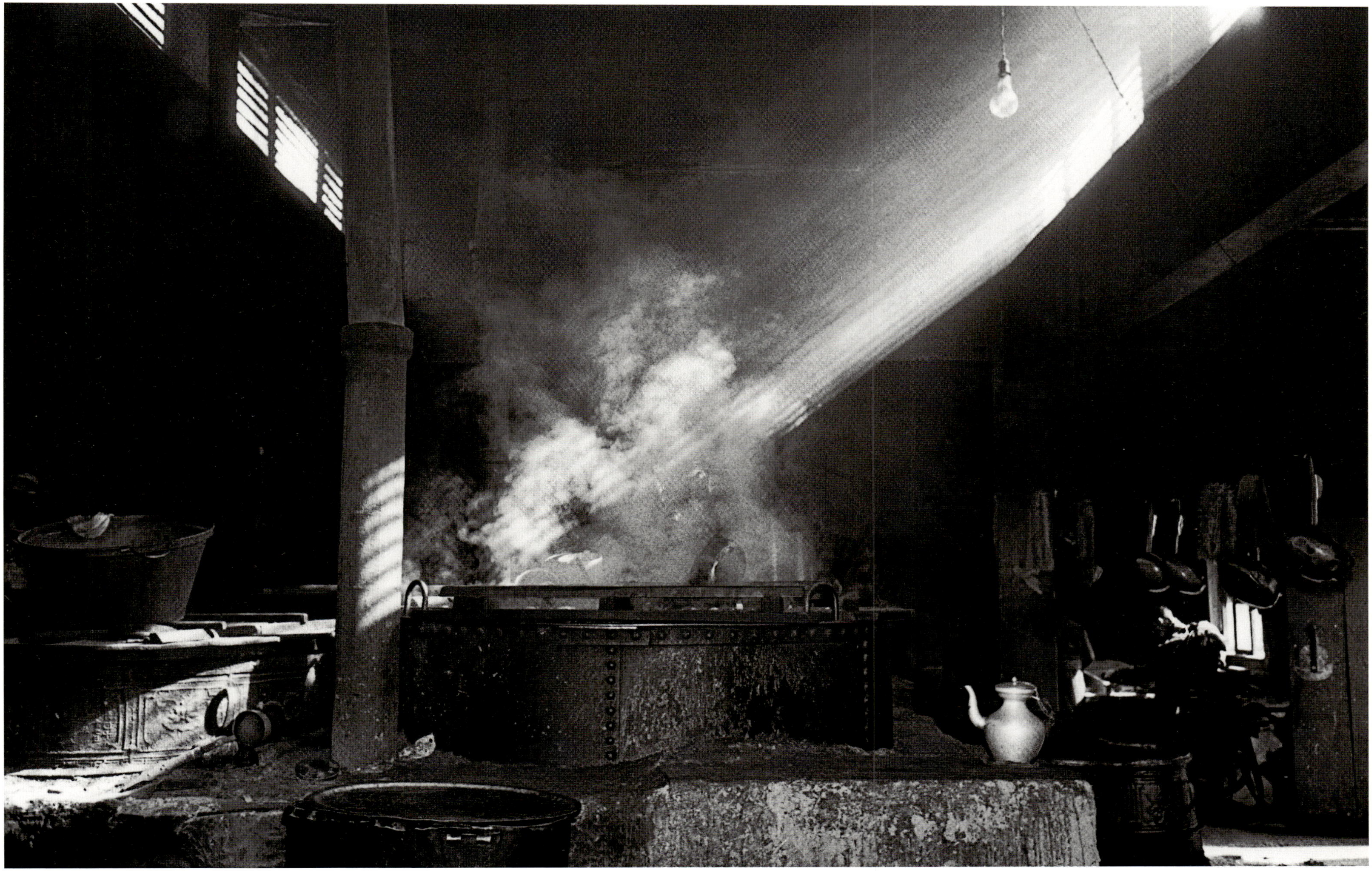

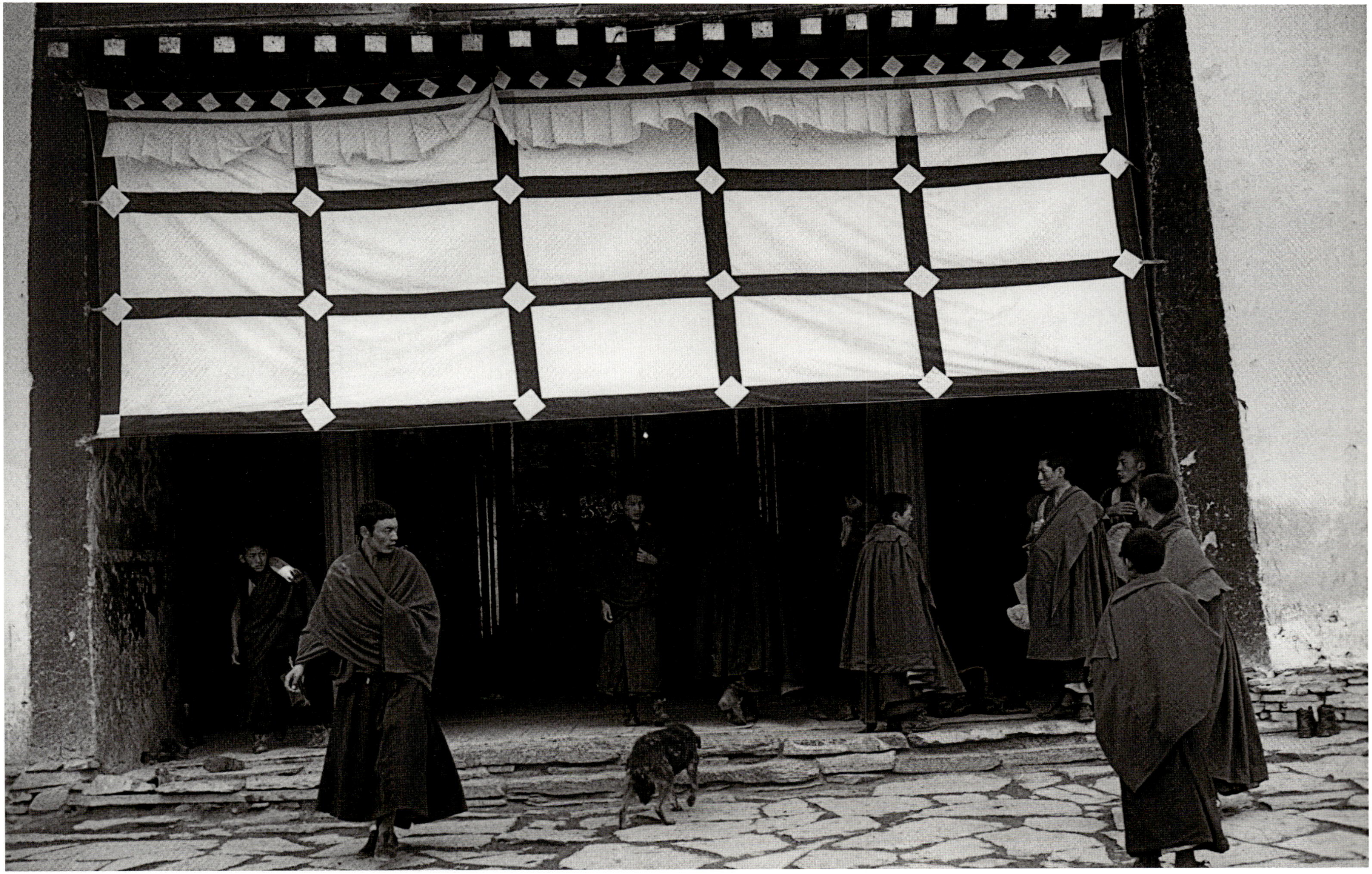

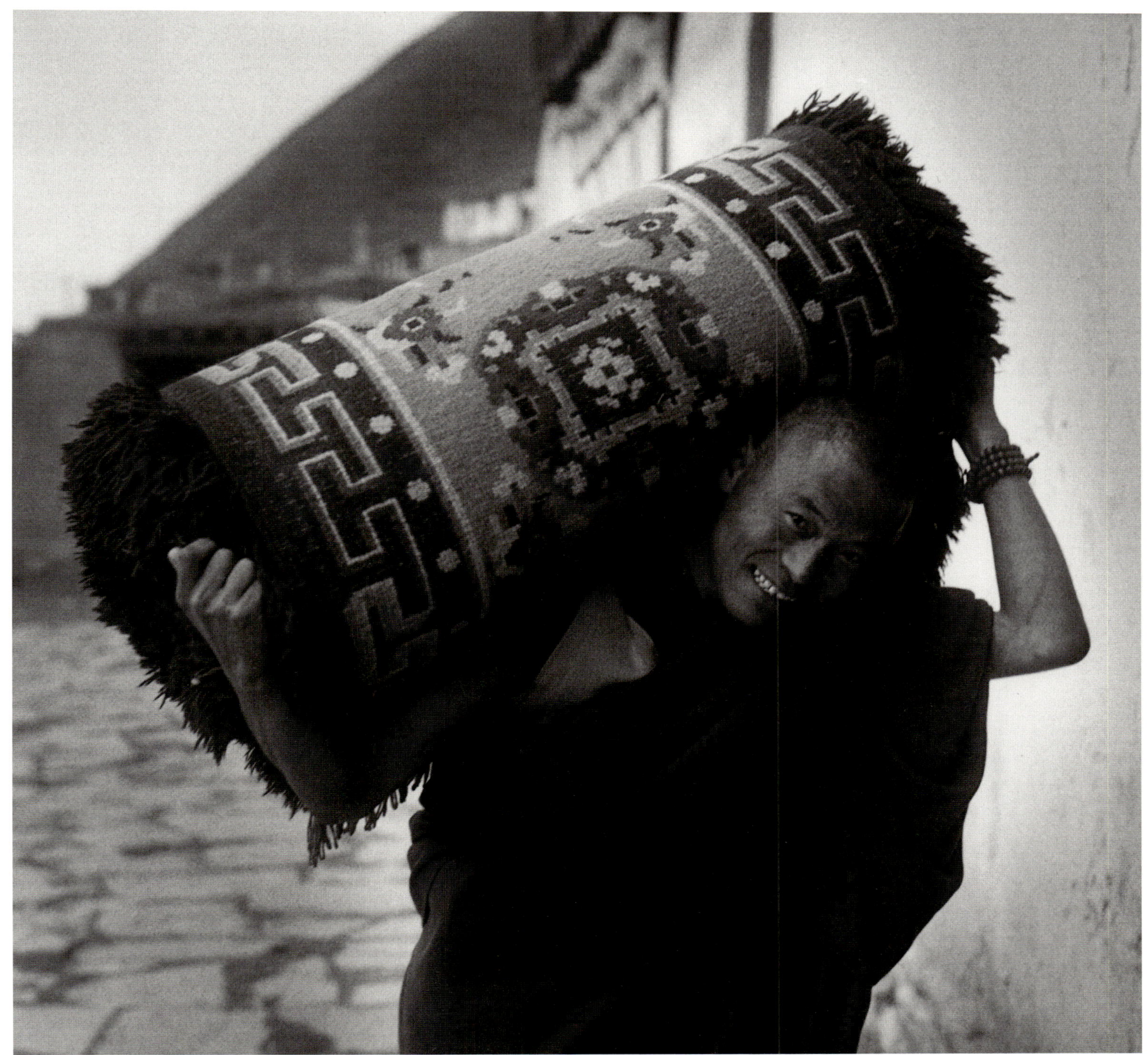

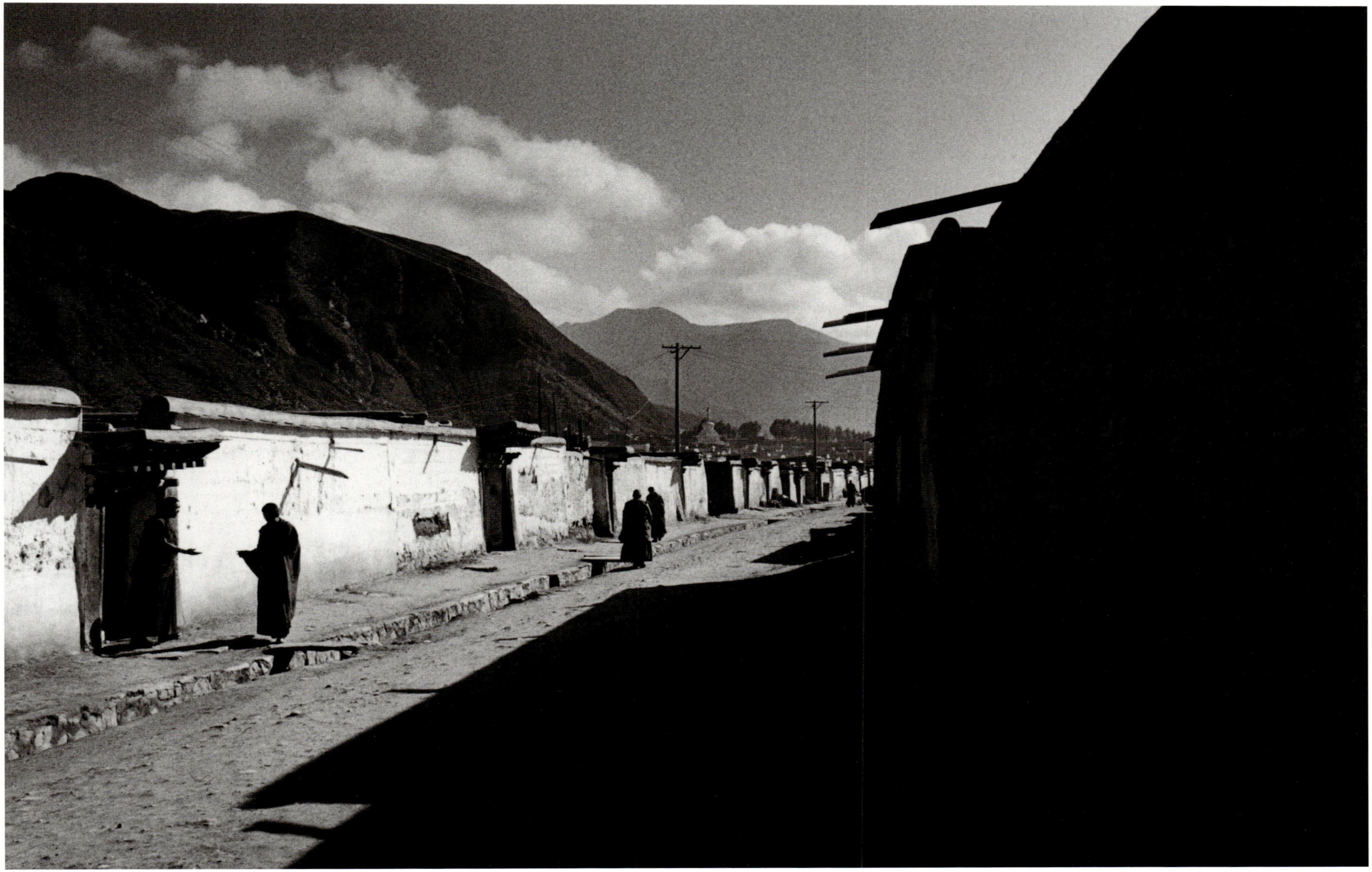

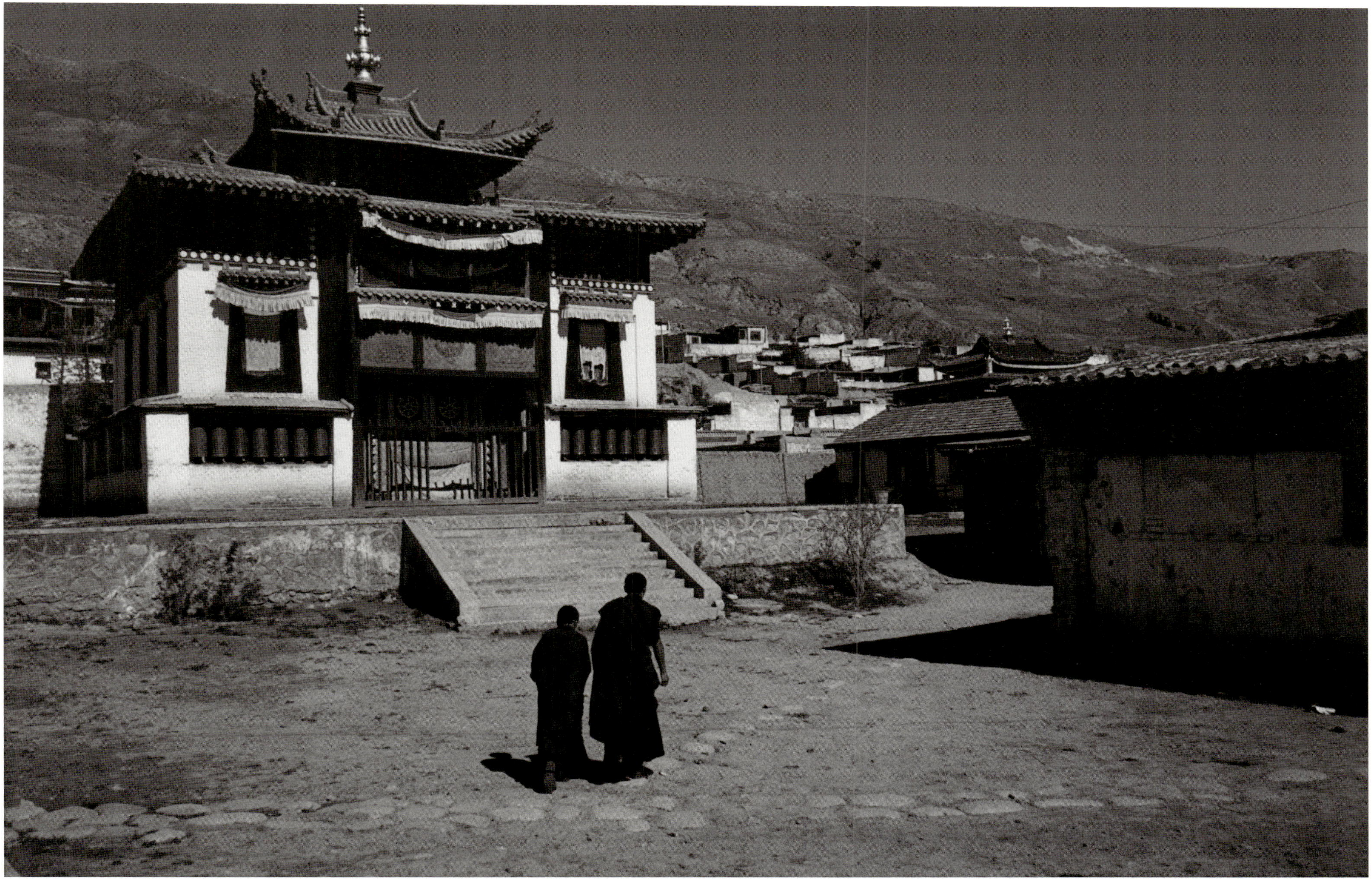

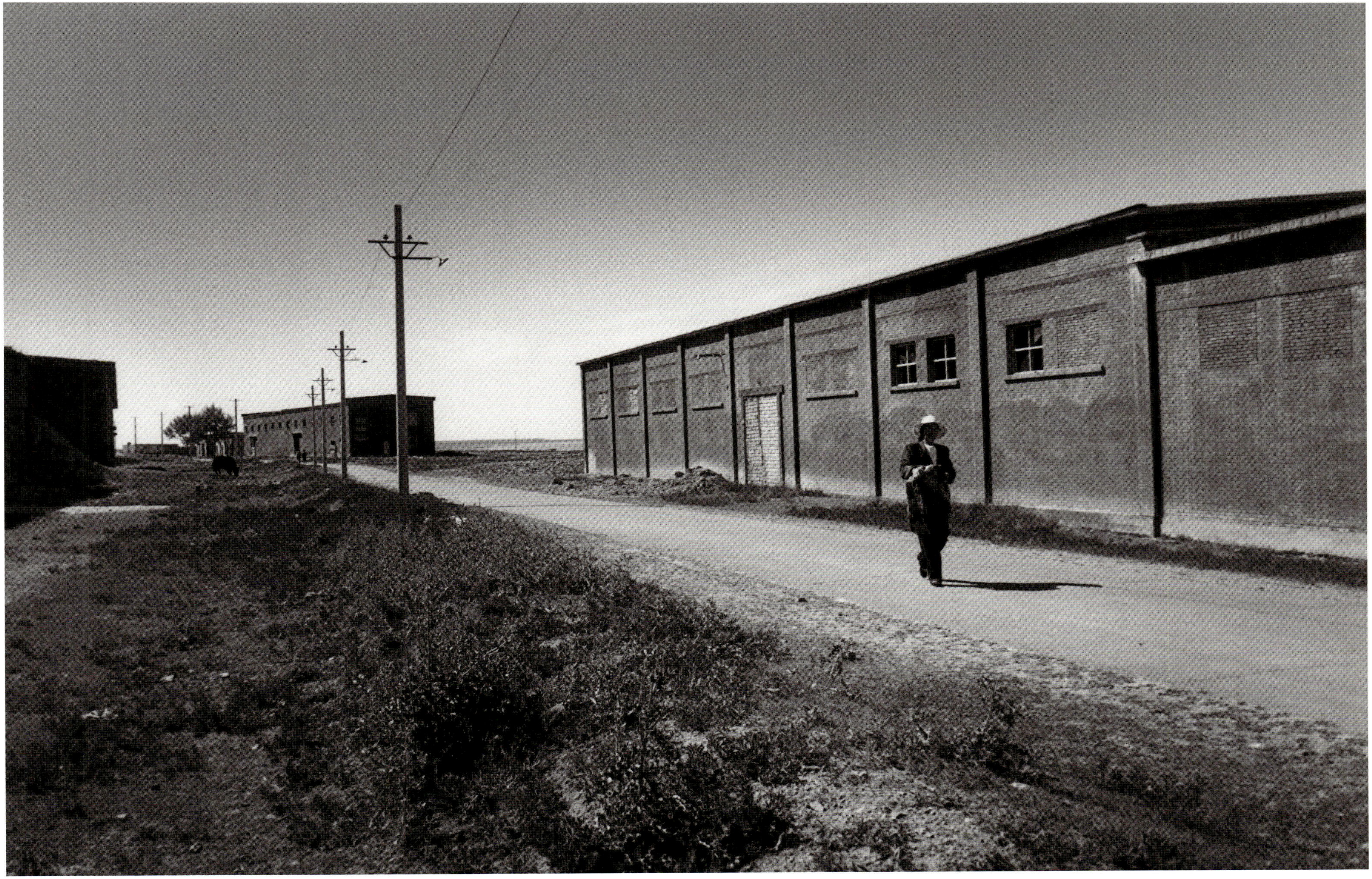

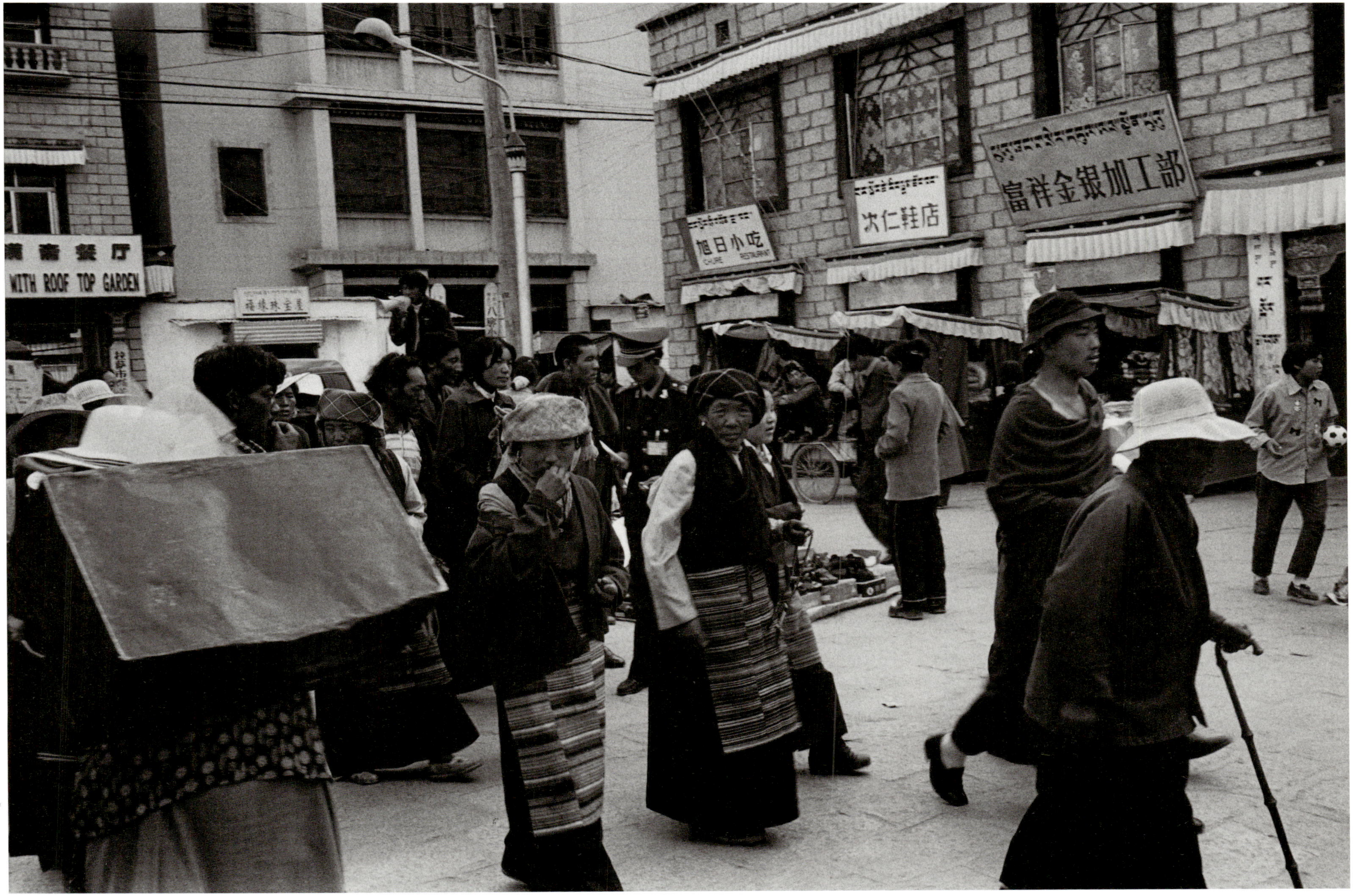

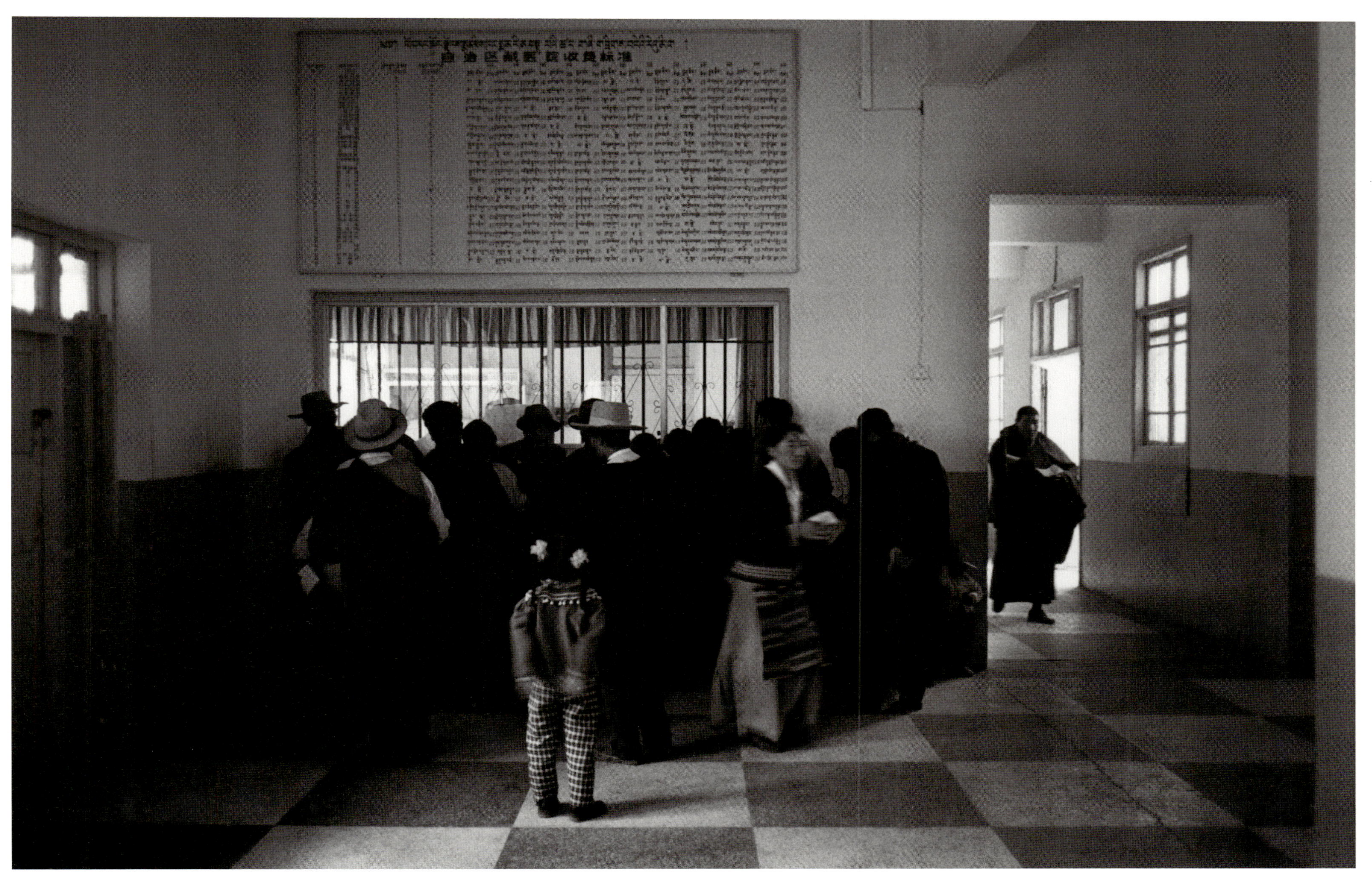

自治区藏医院收费标准

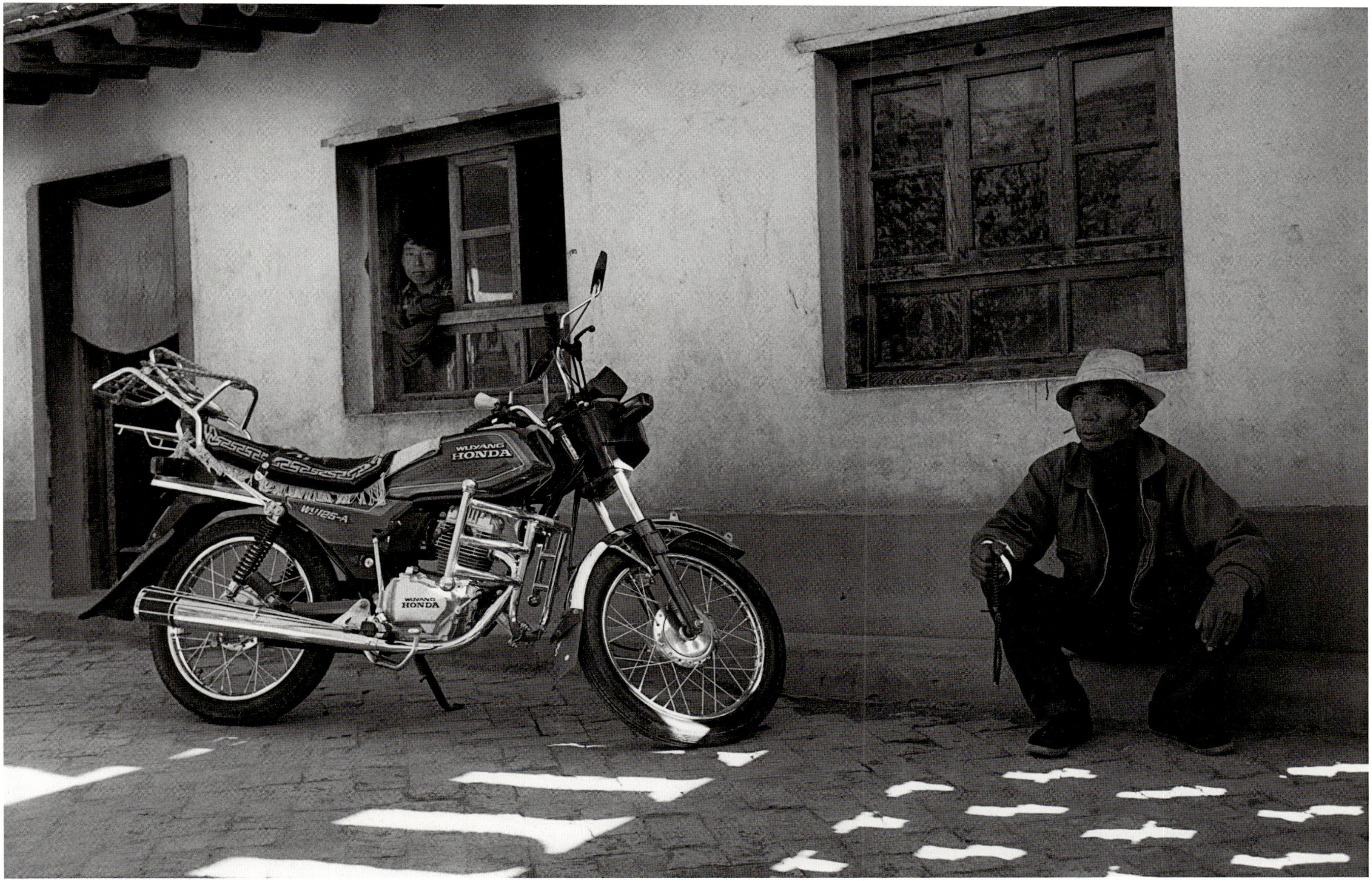

*Il cavallo che è il mio spirito
vola come il vento.*

*The horse that is my spirit
flies like the wind.*

III

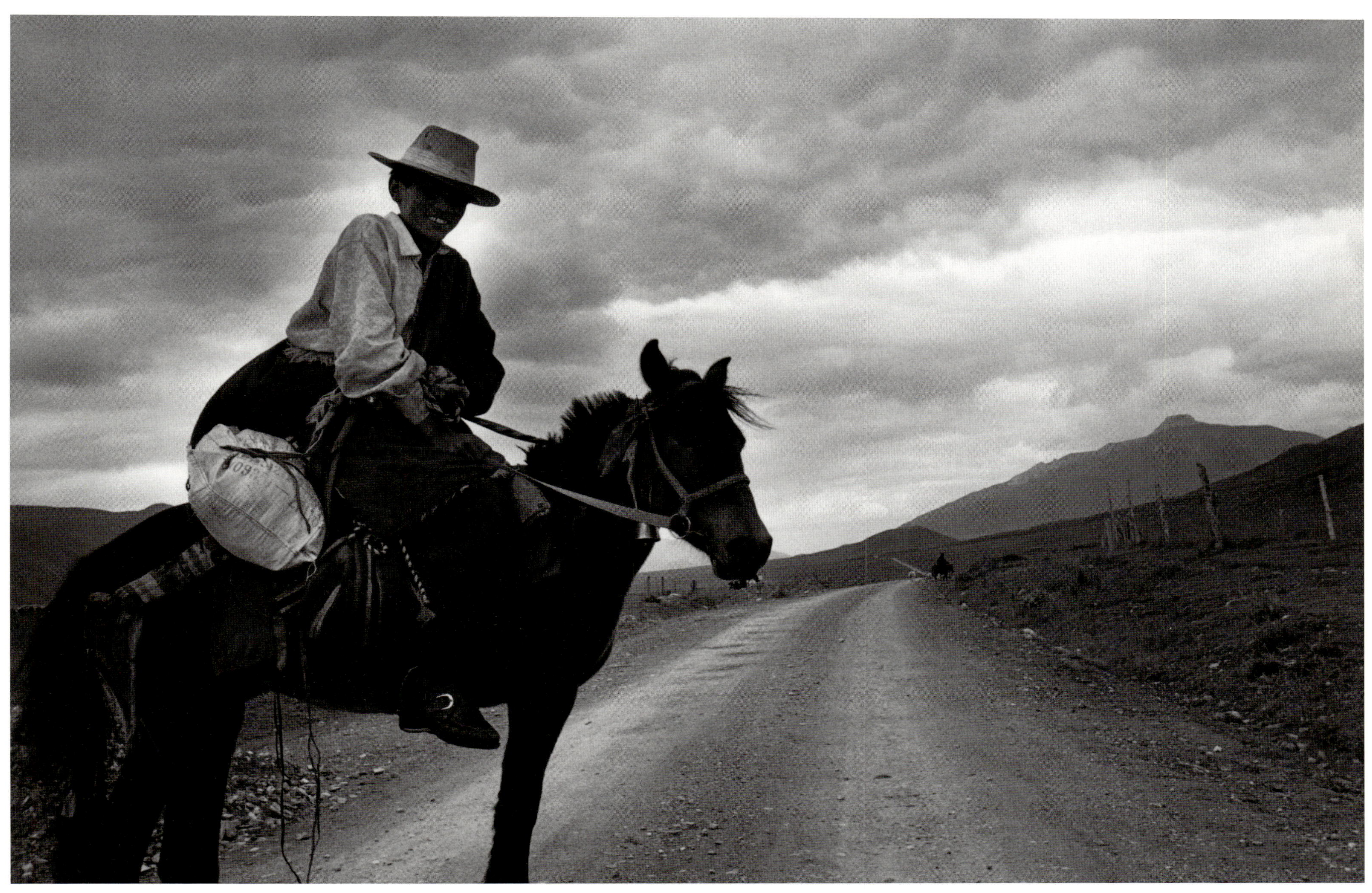

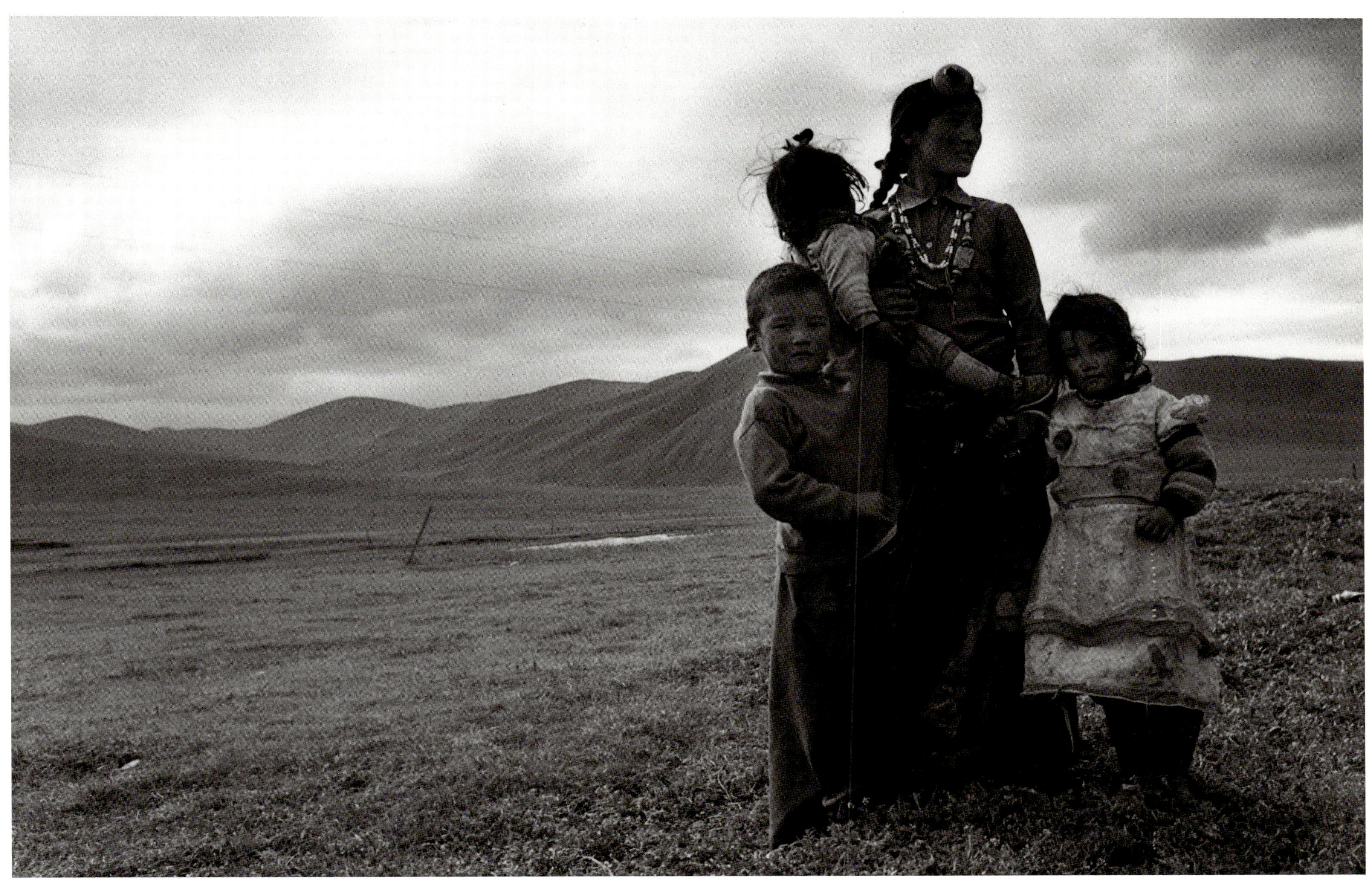

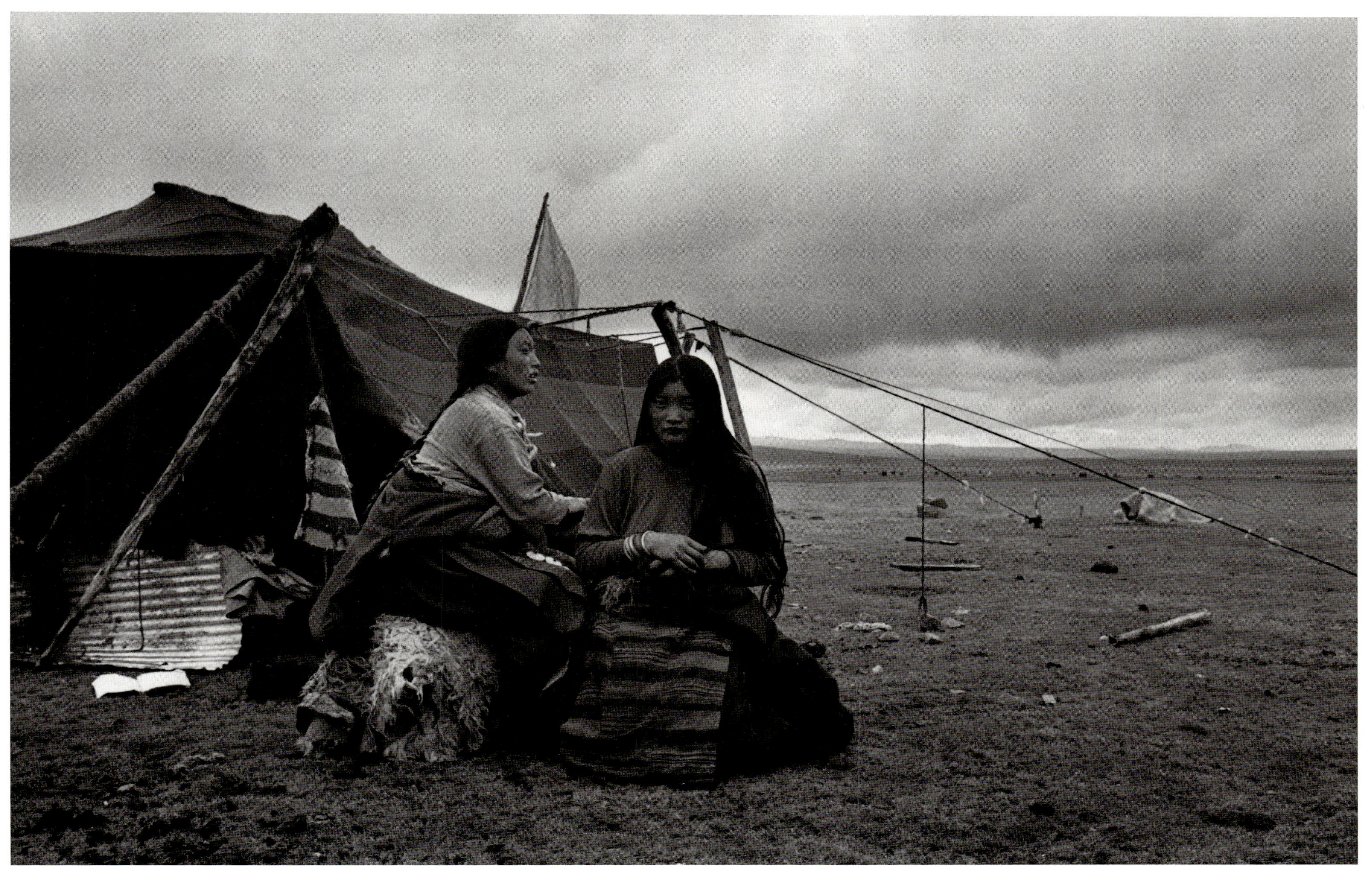

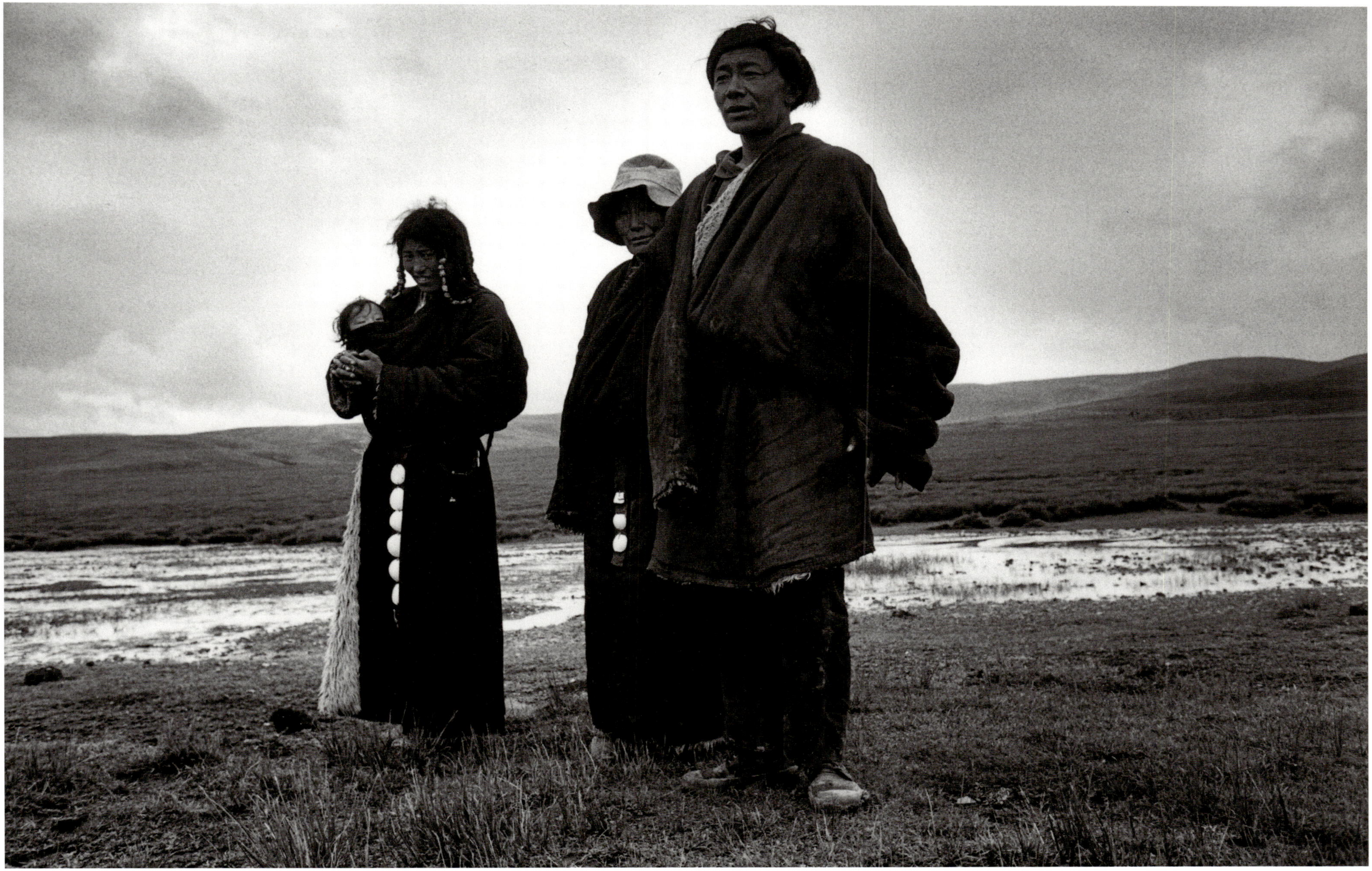

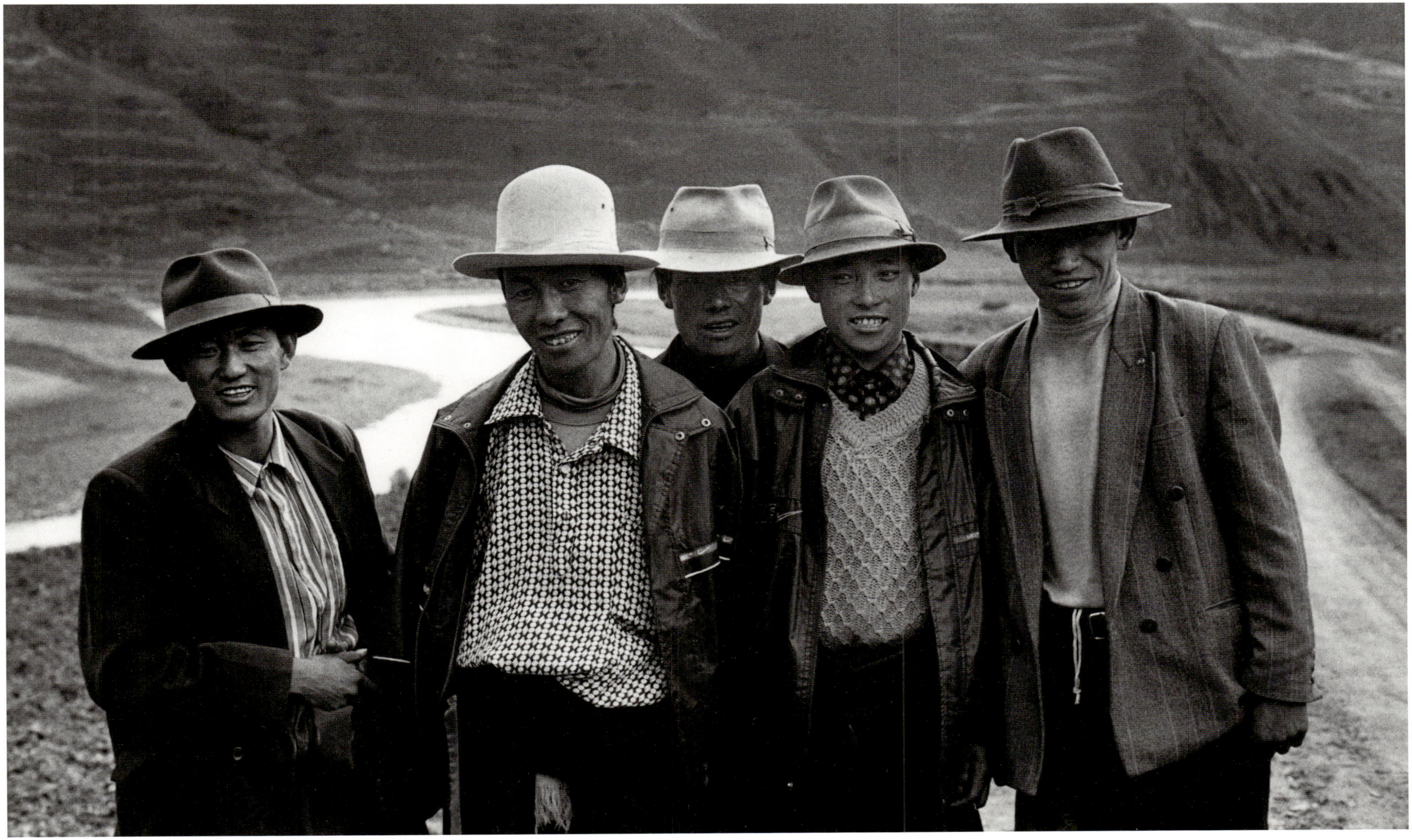

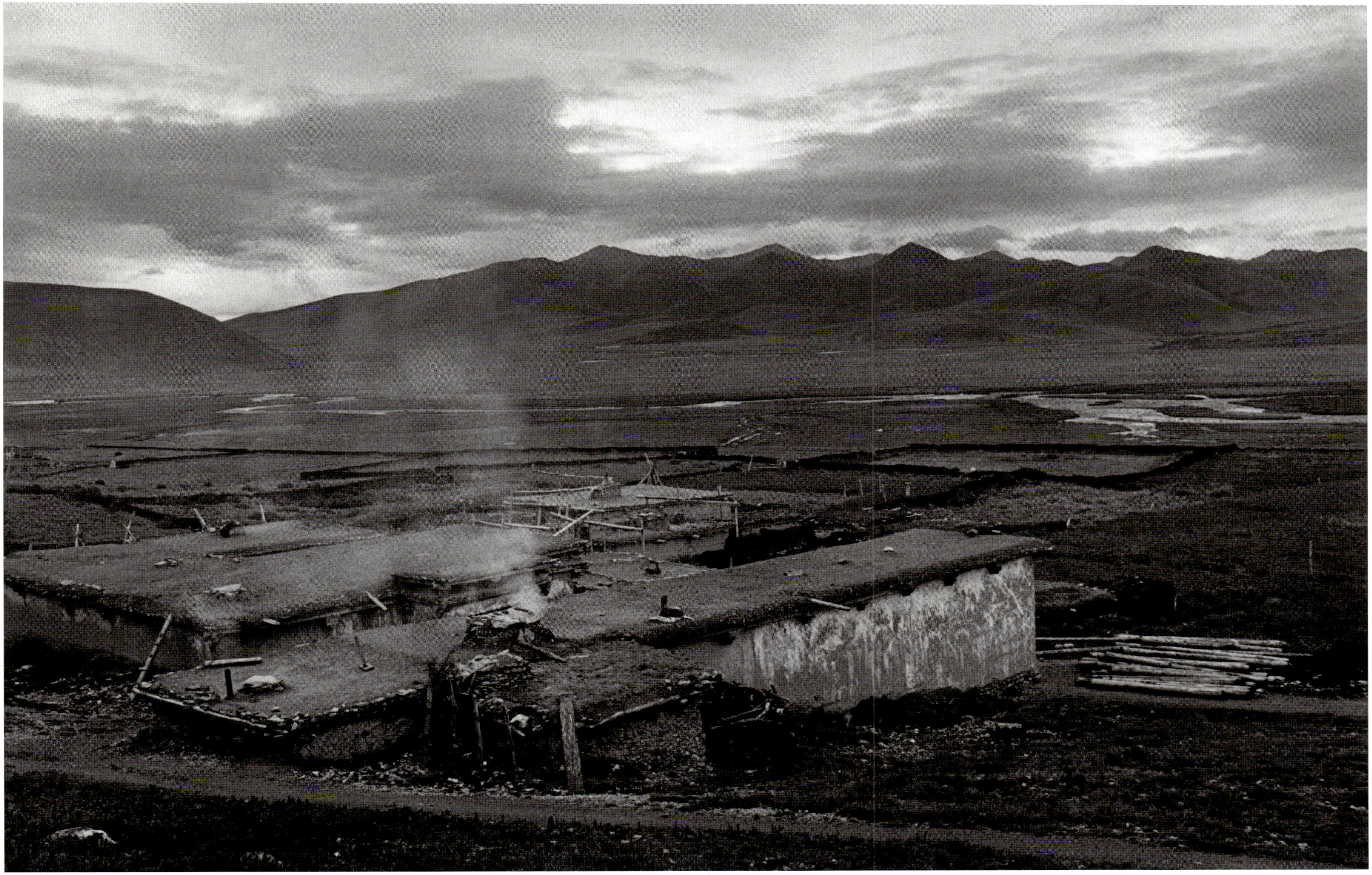

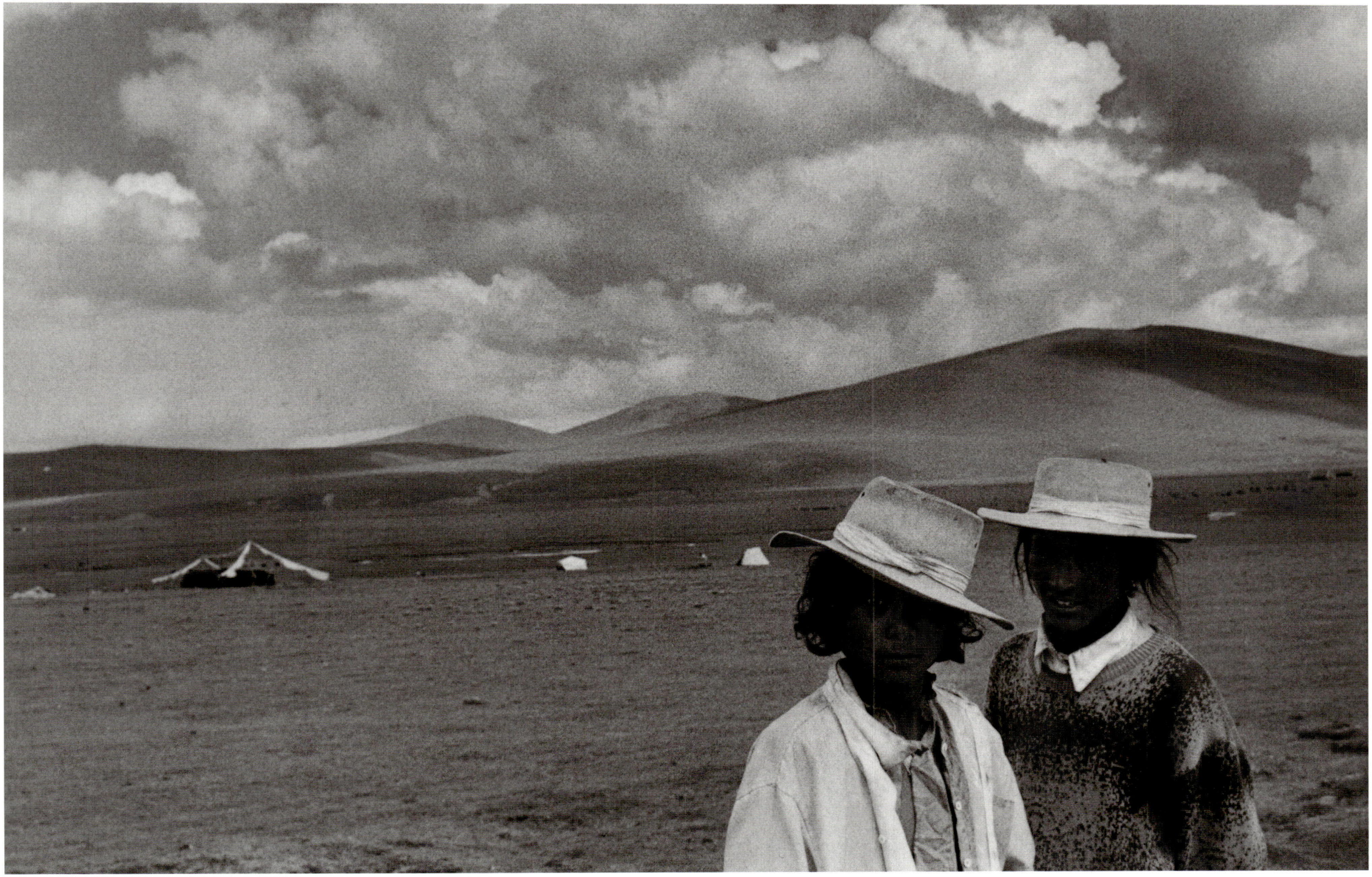

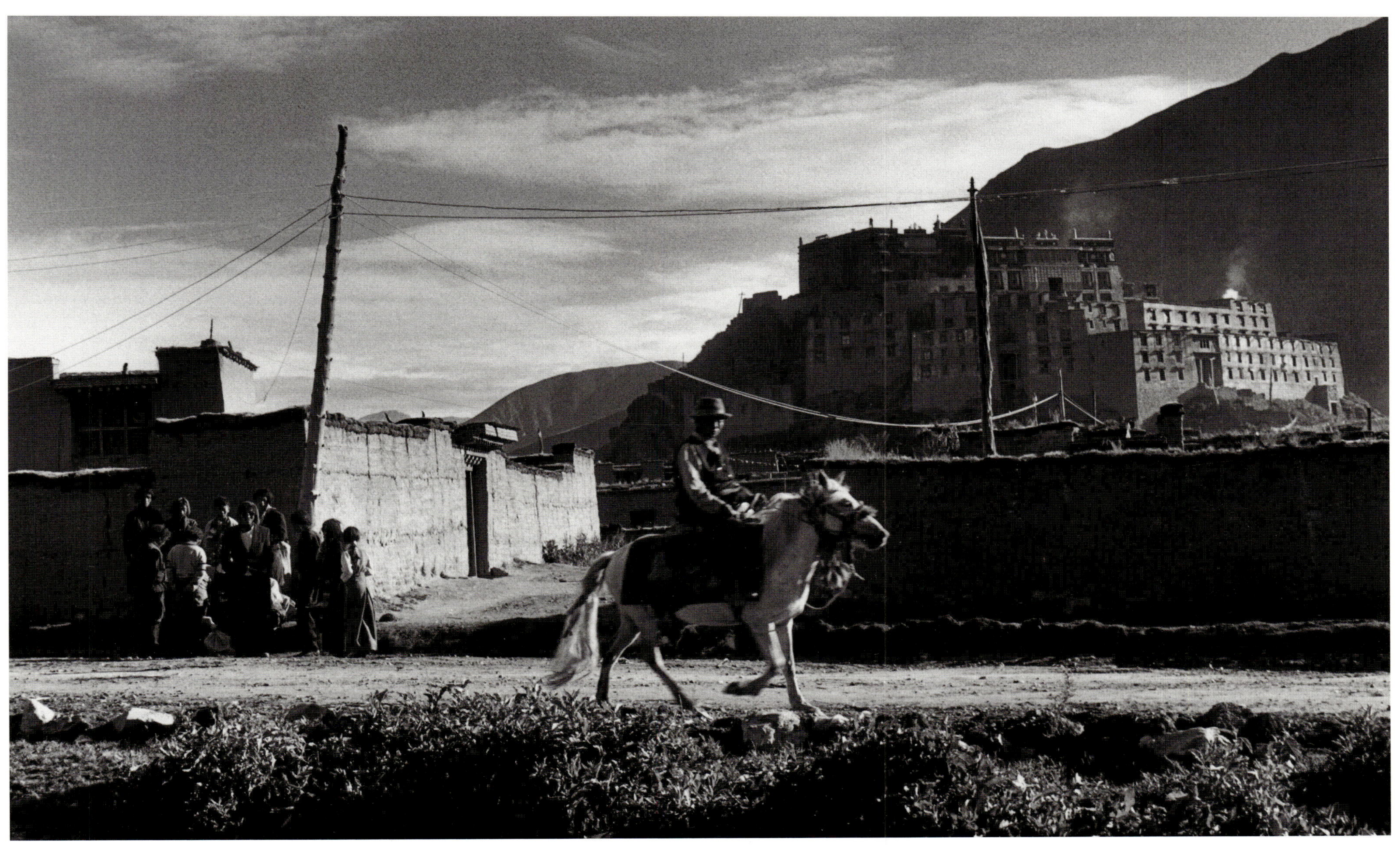

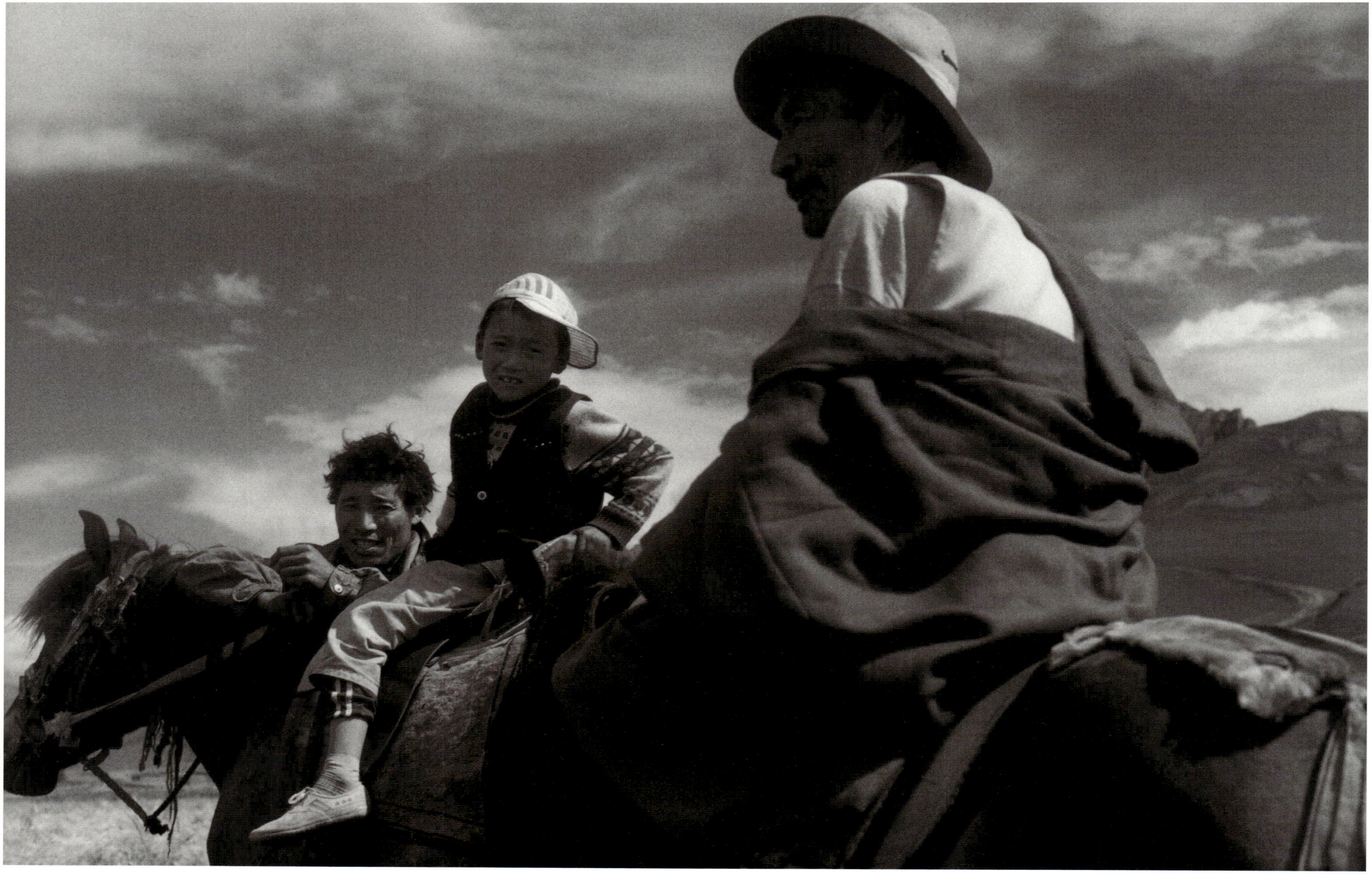

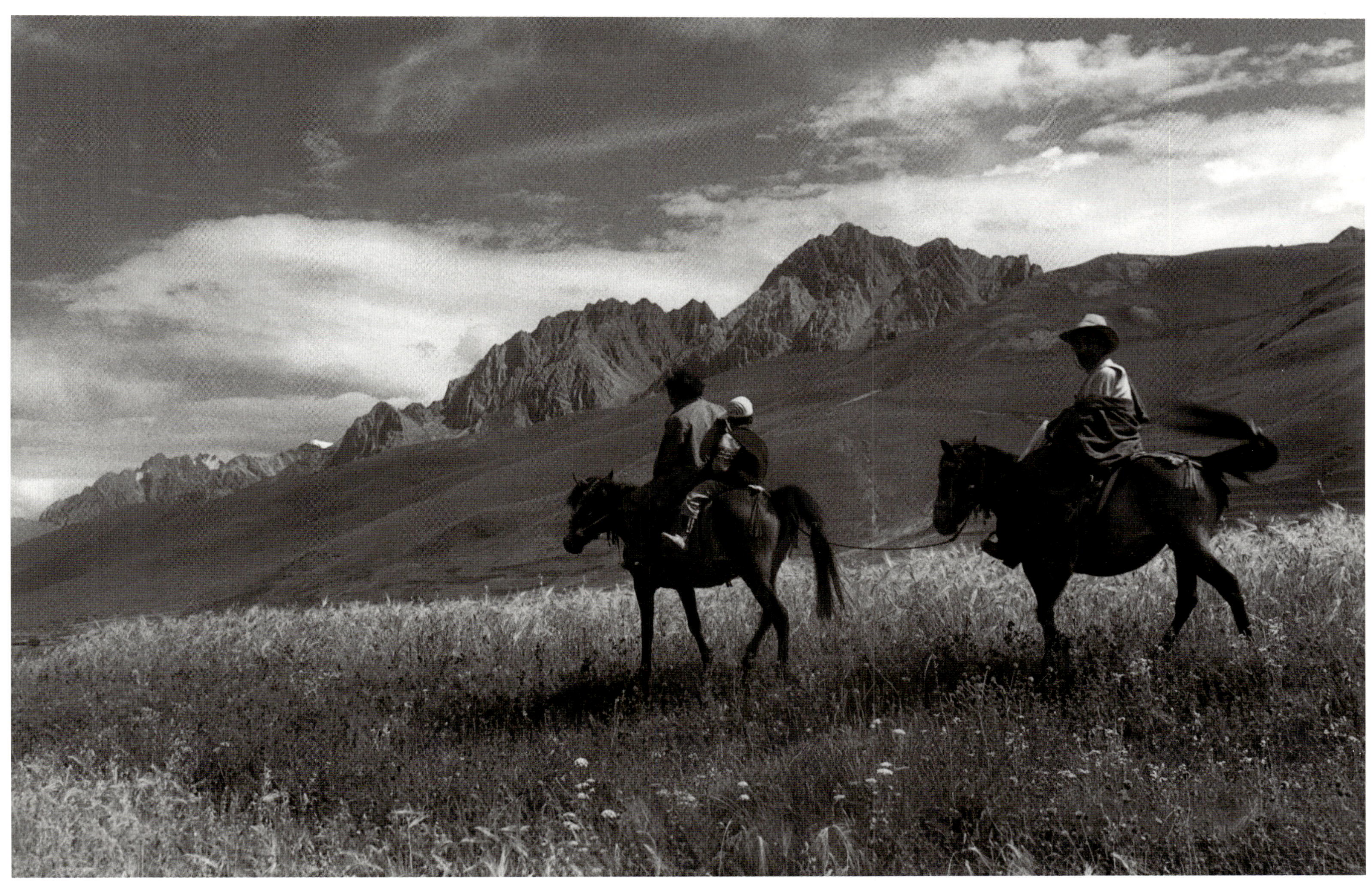

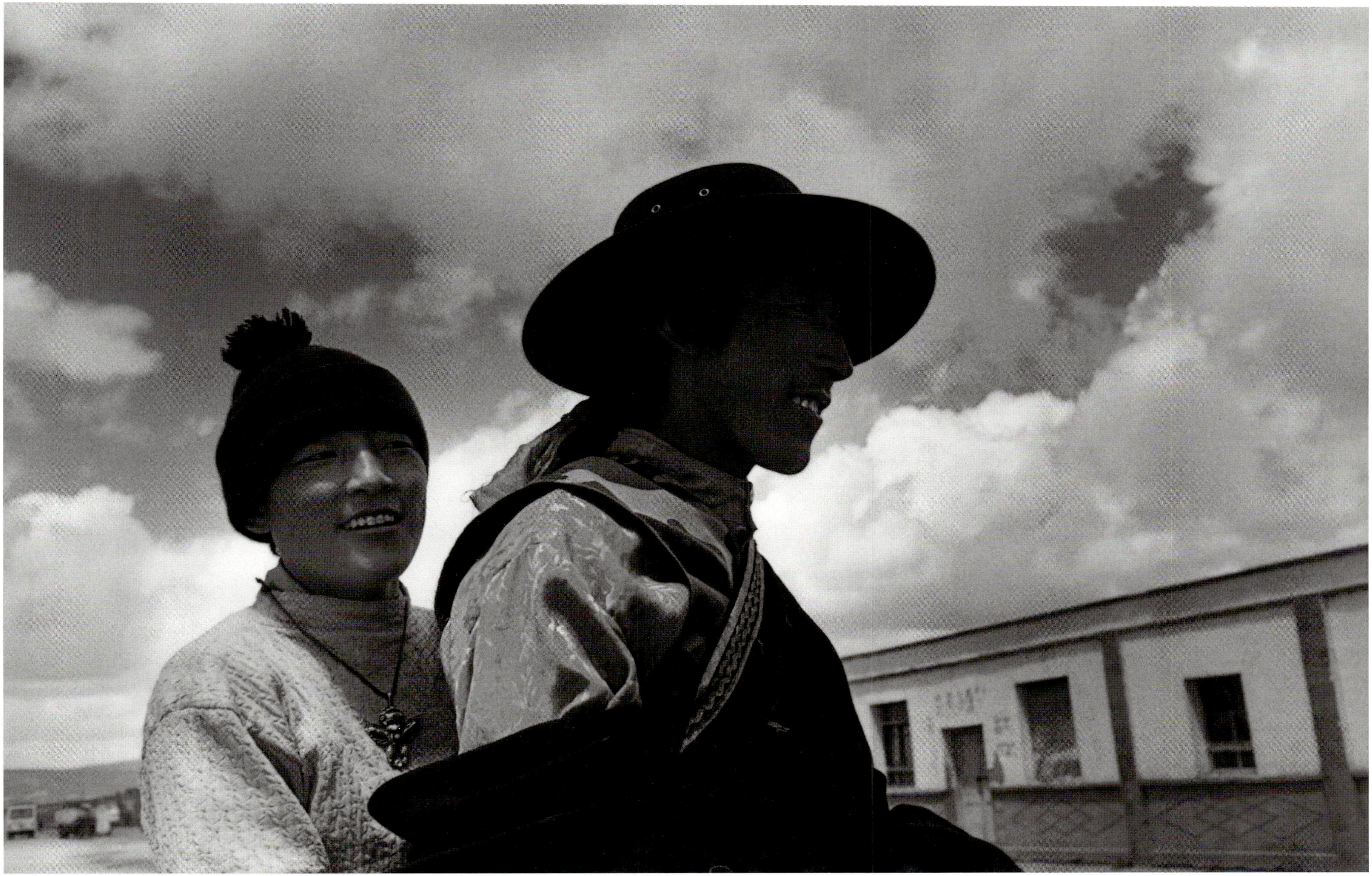

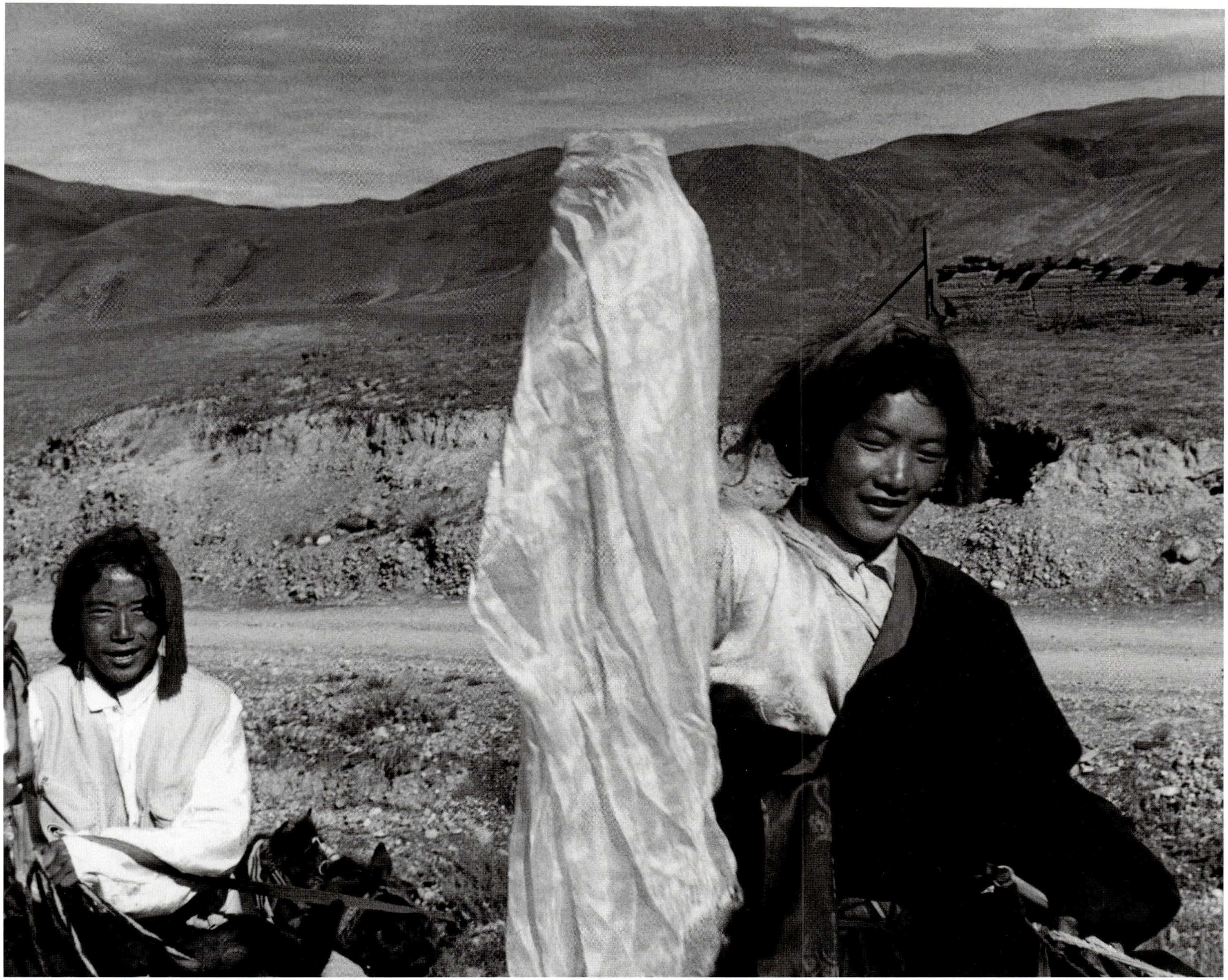

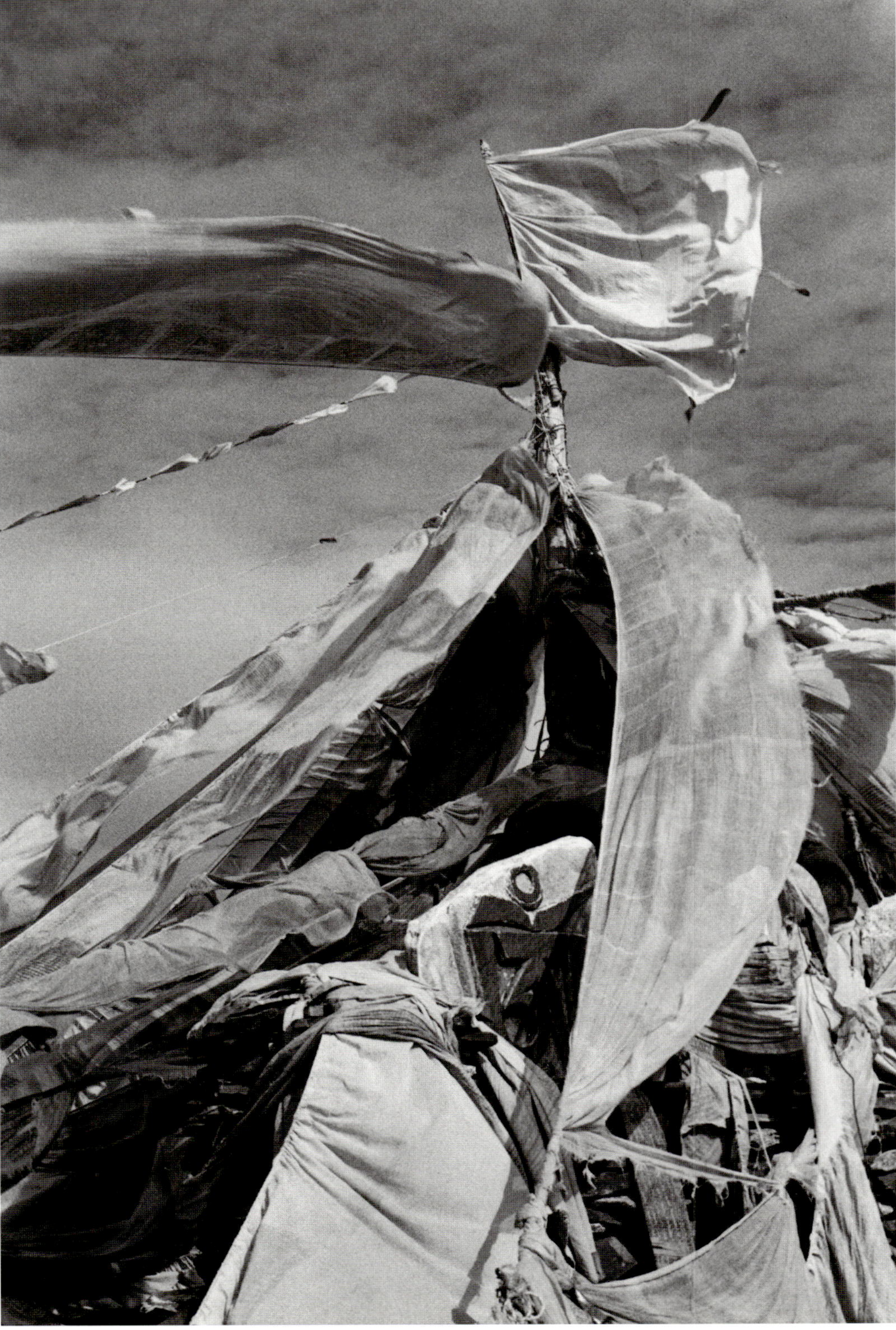

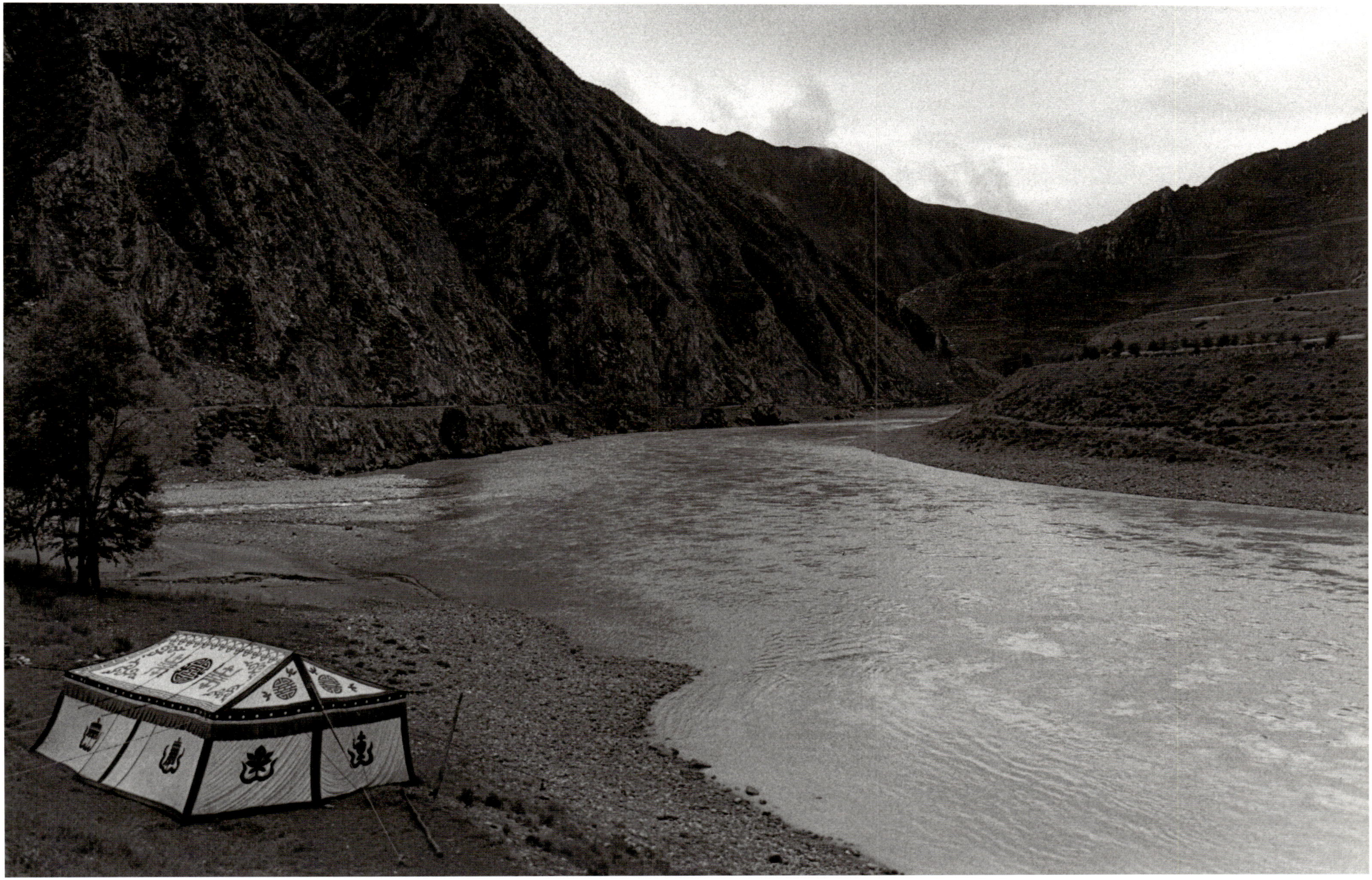

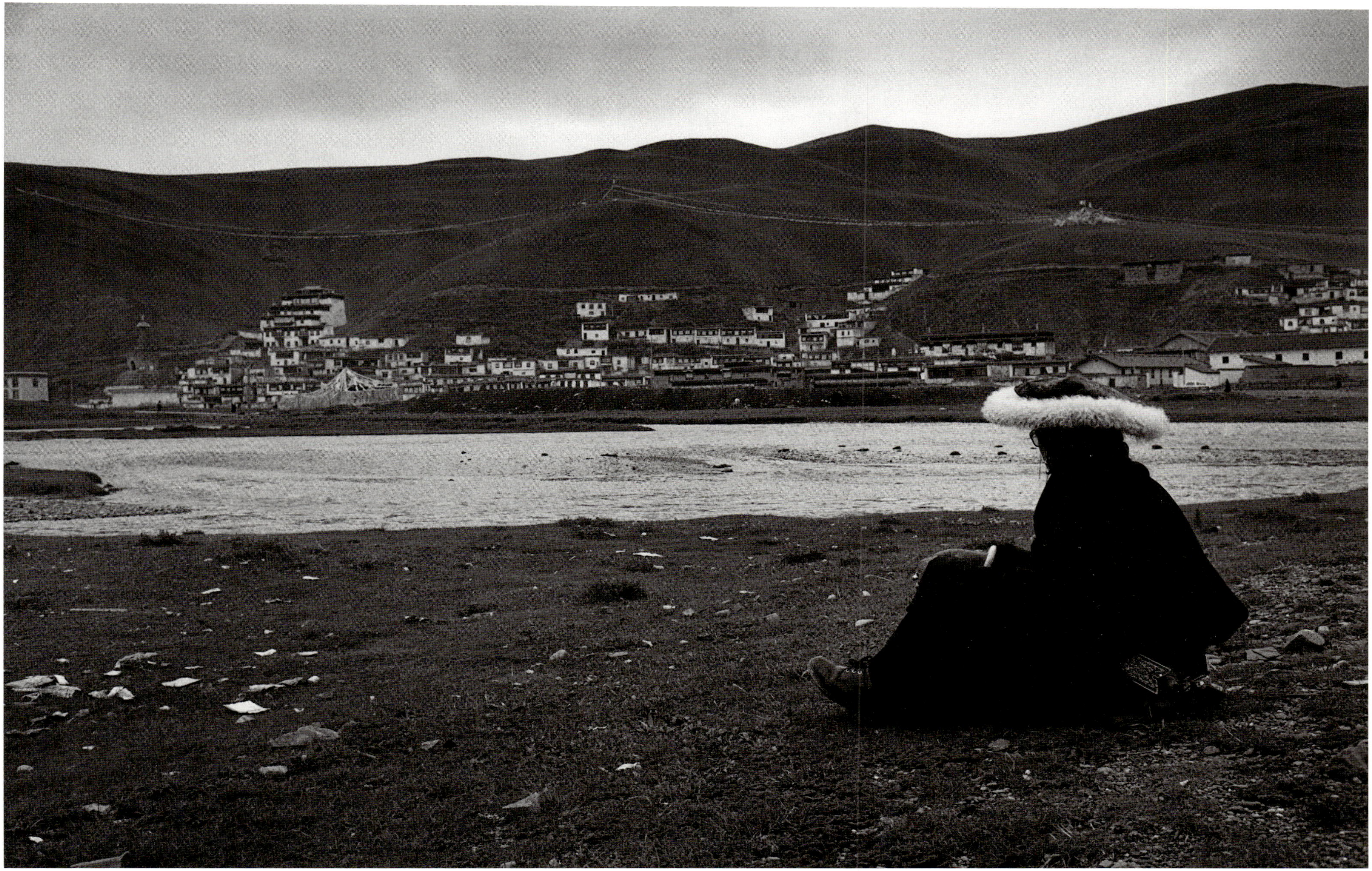

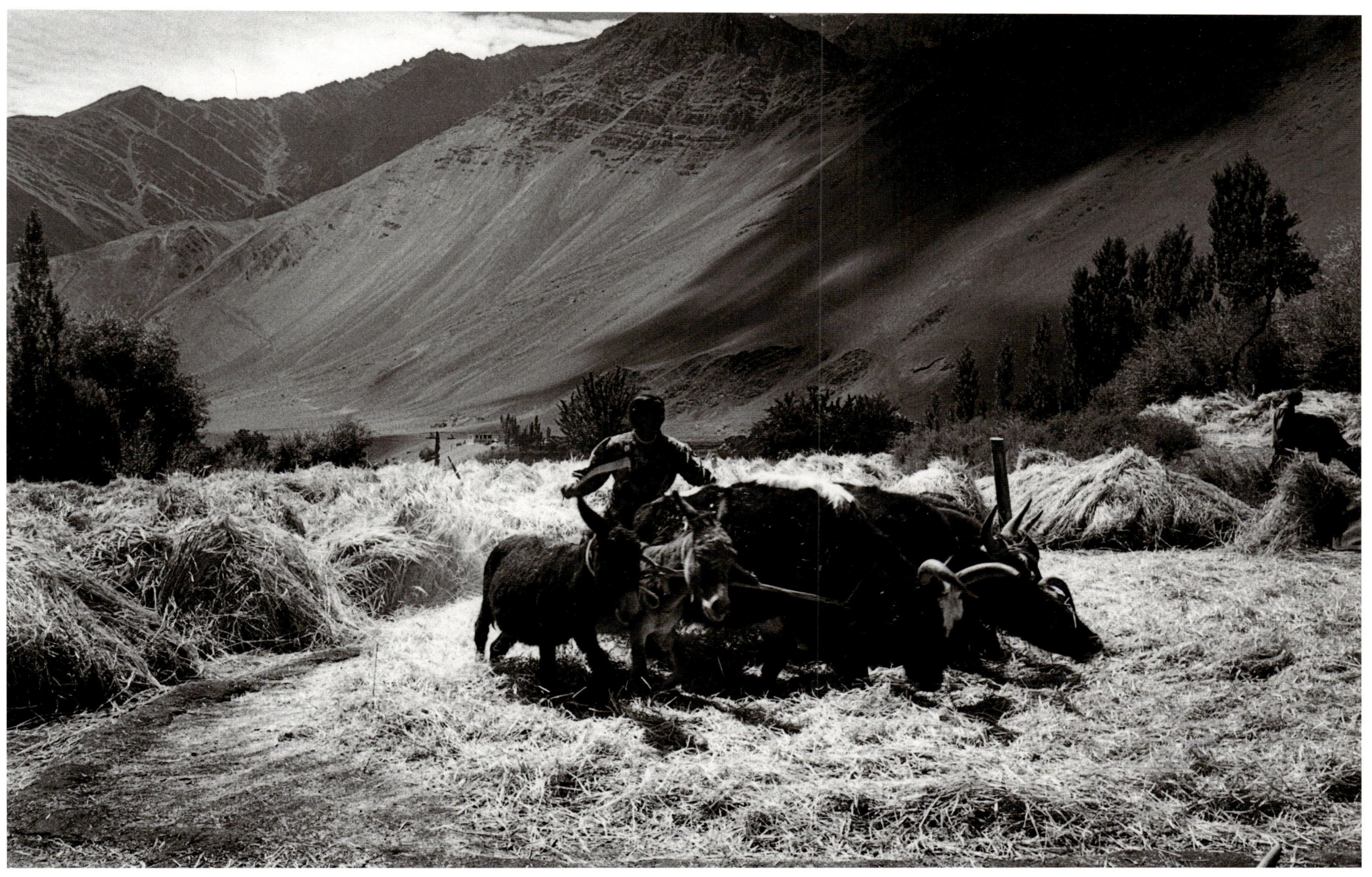

139

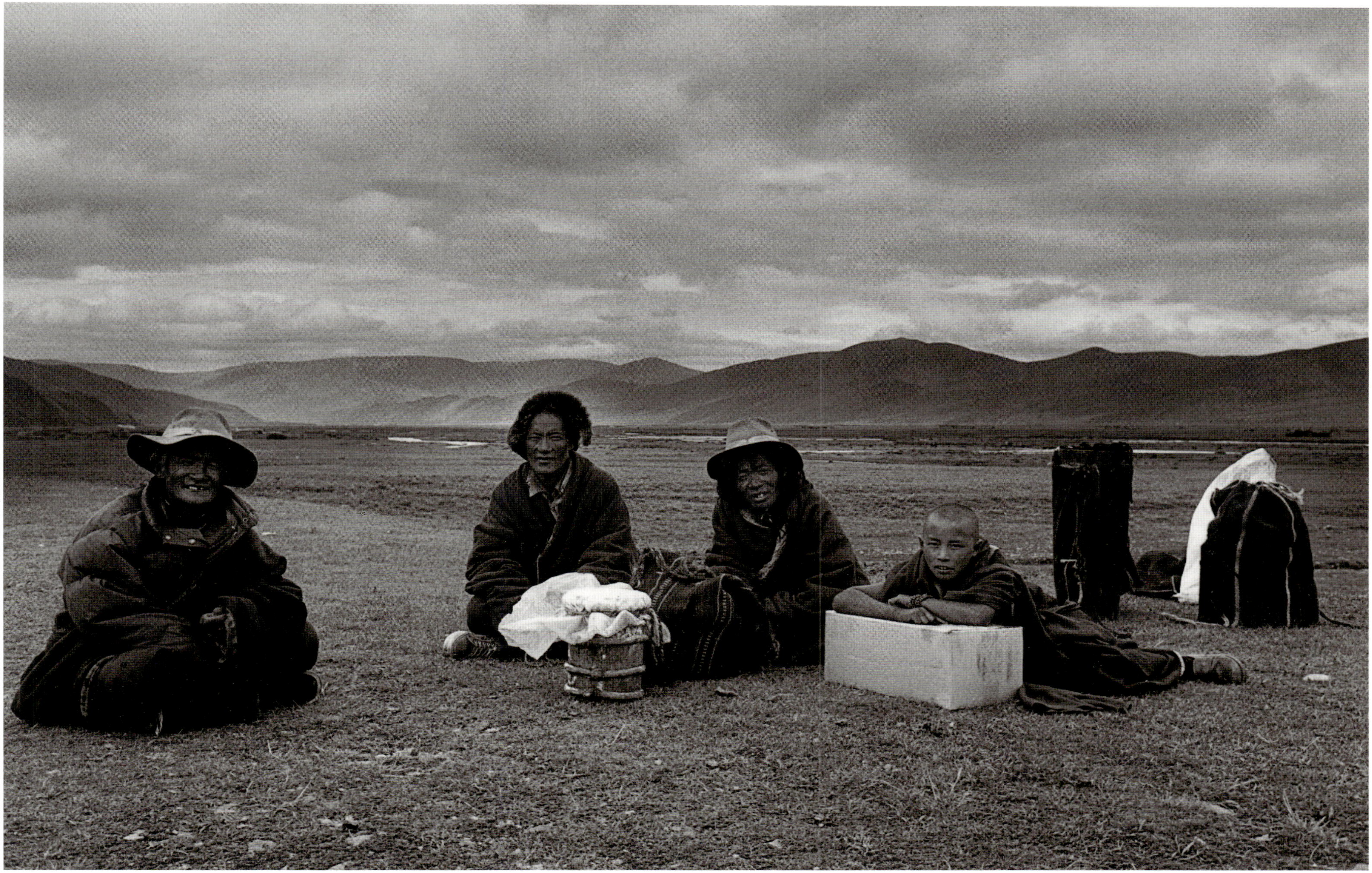

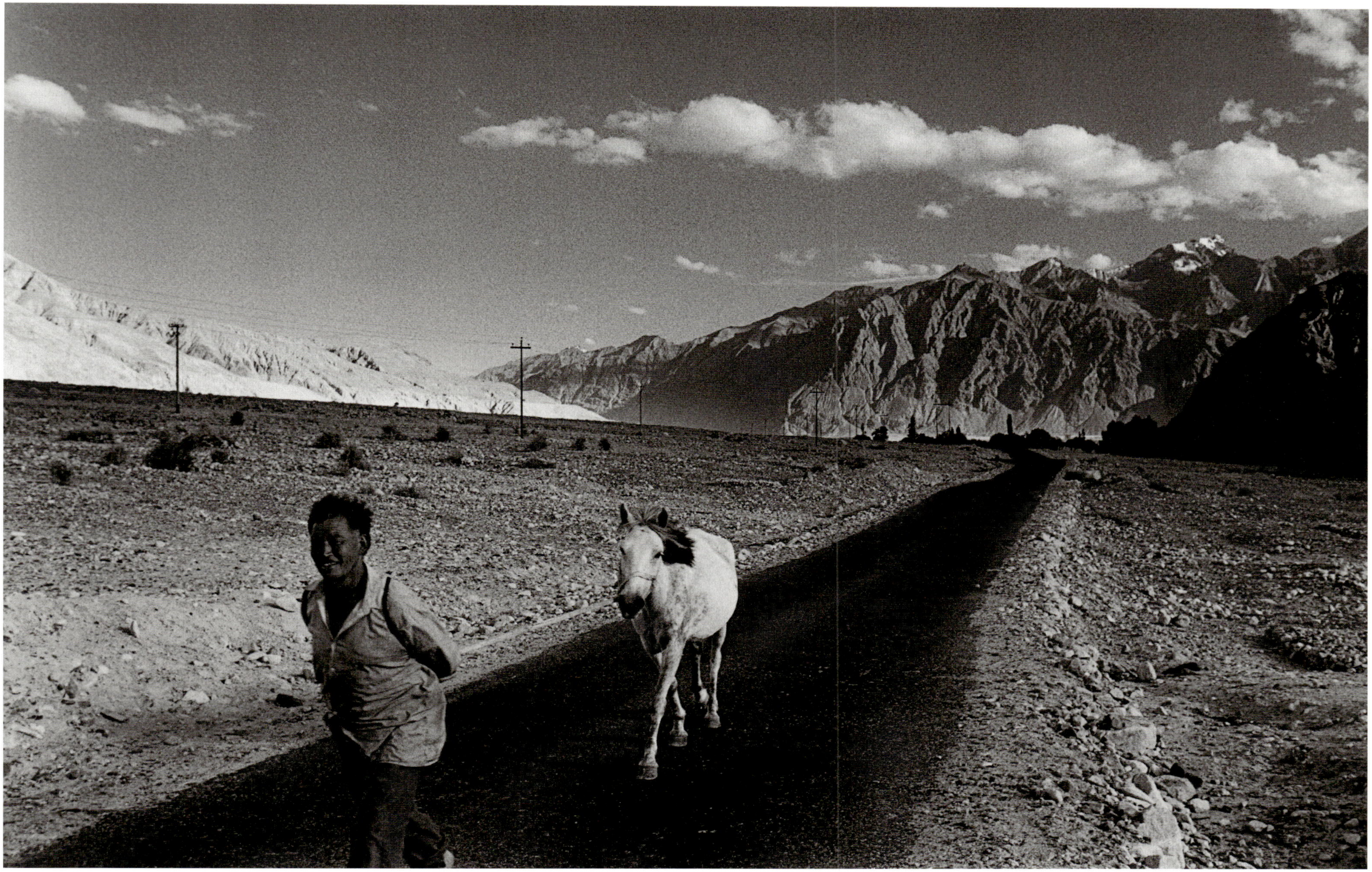

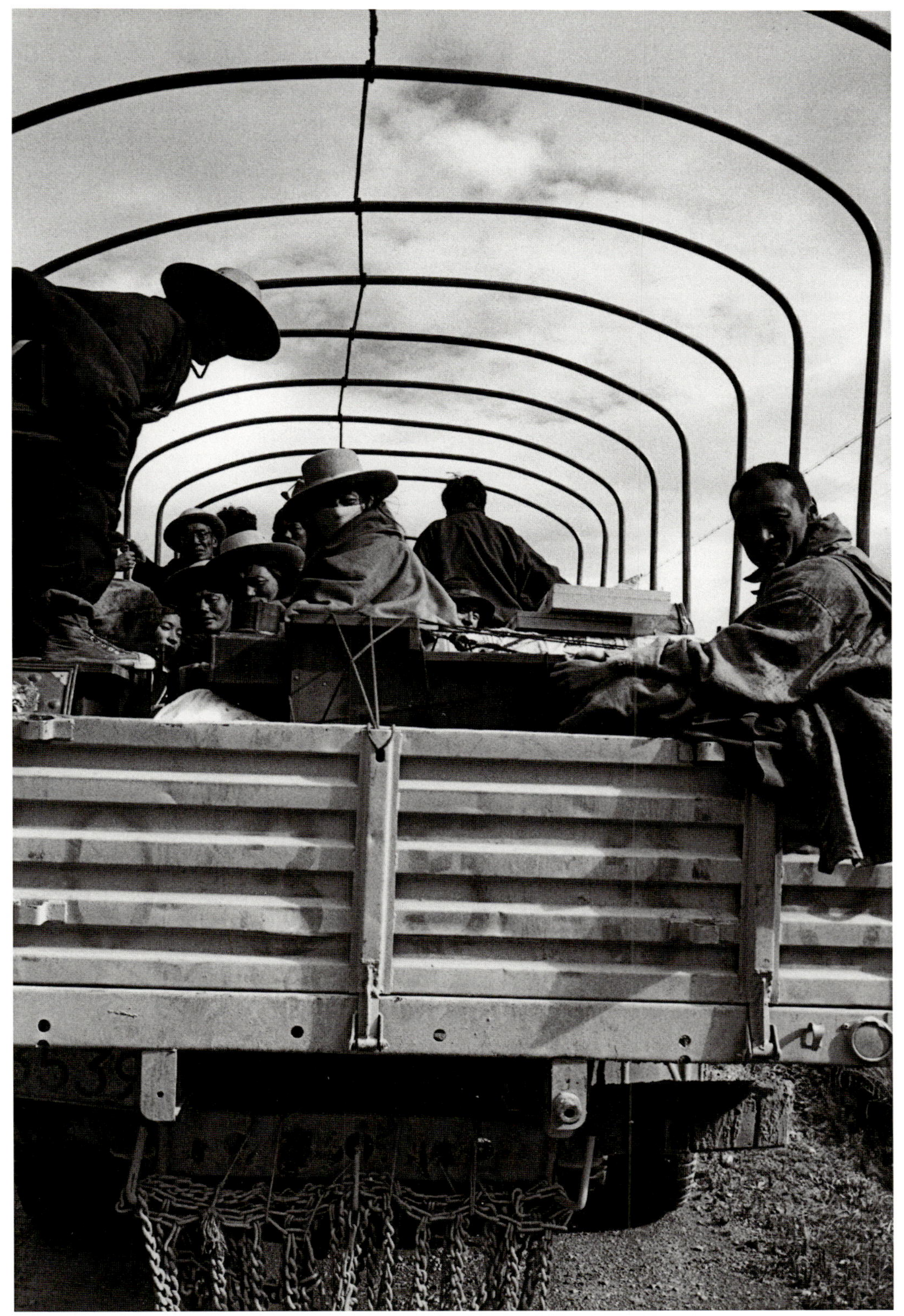

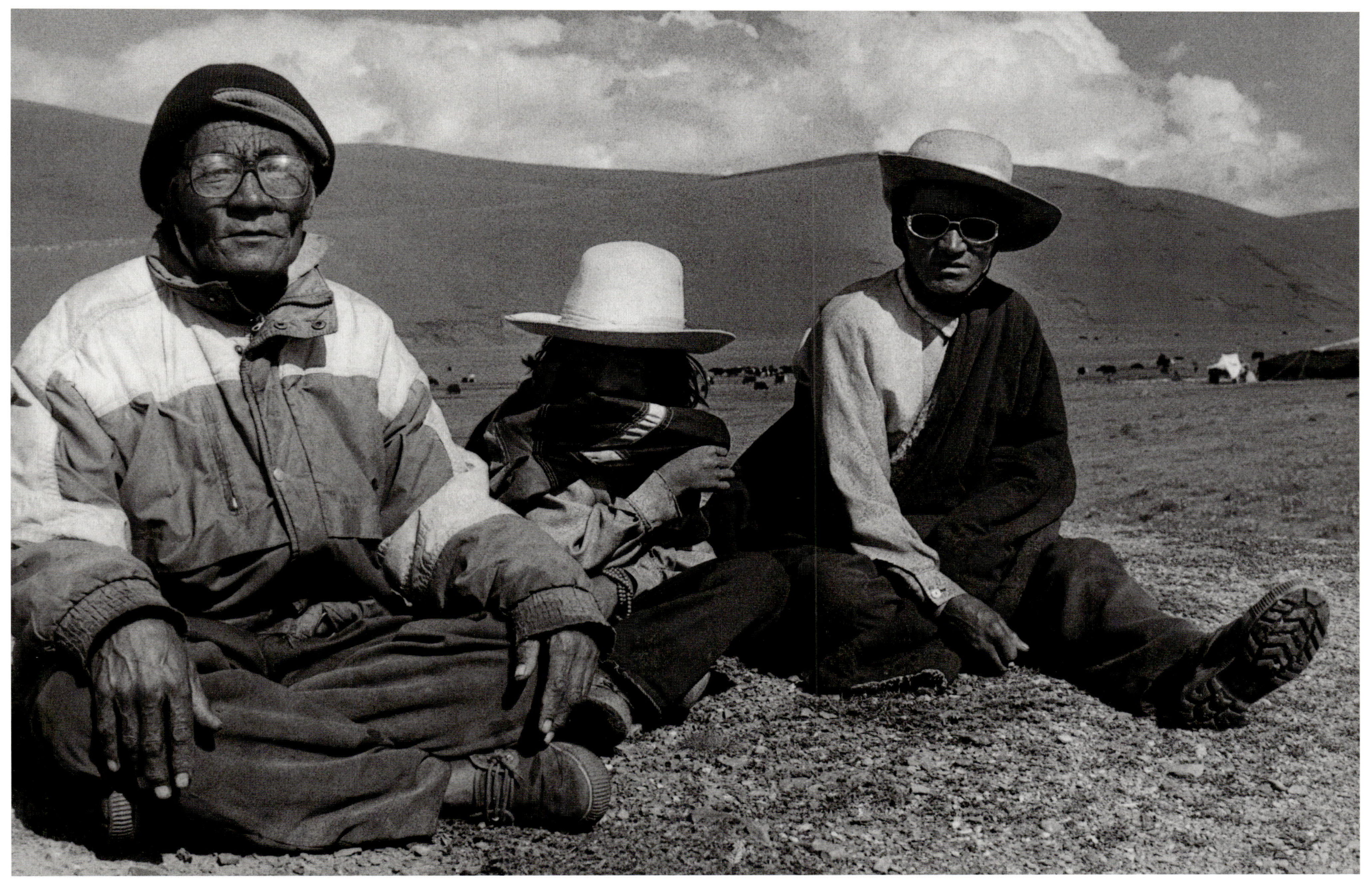

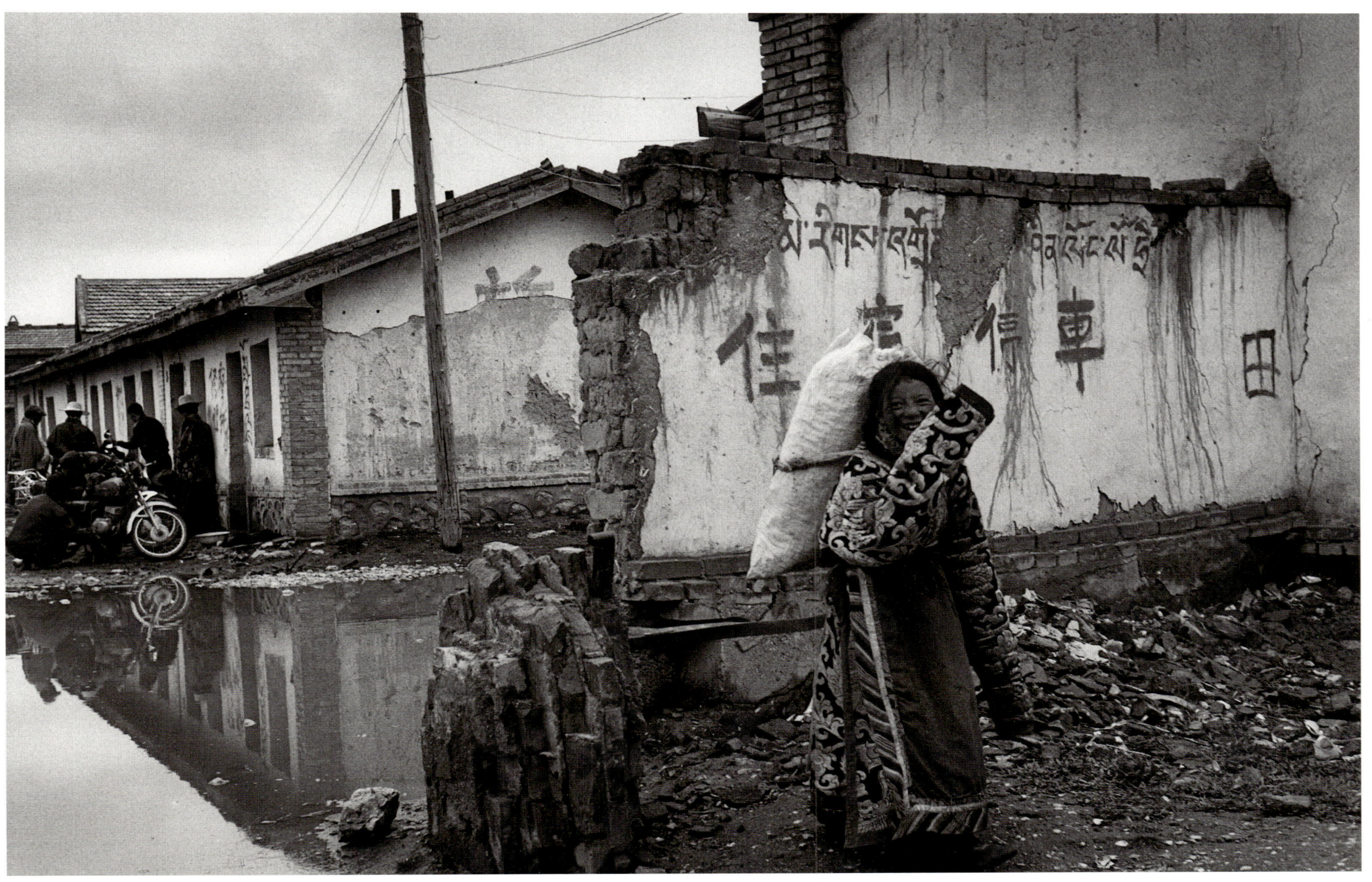

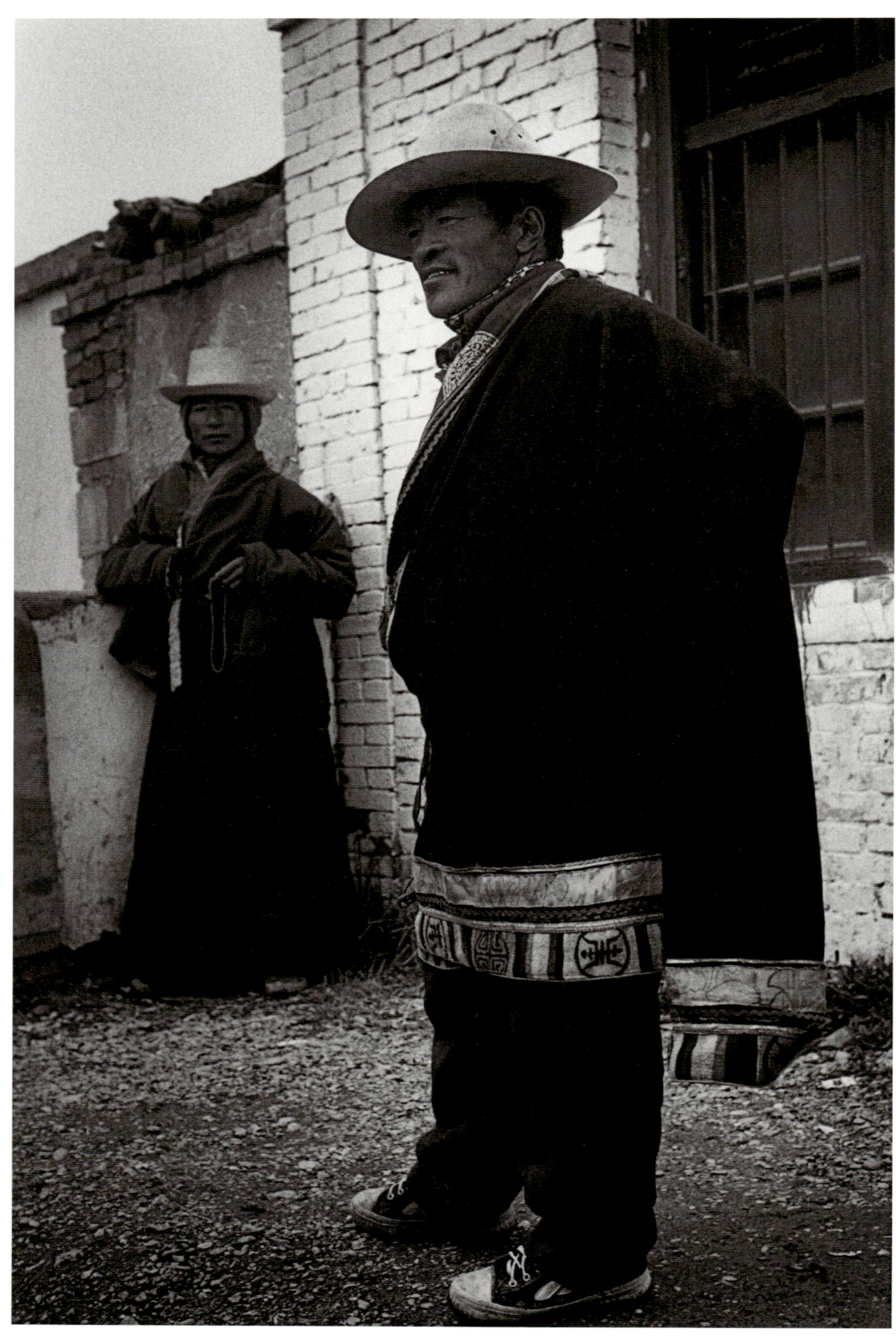

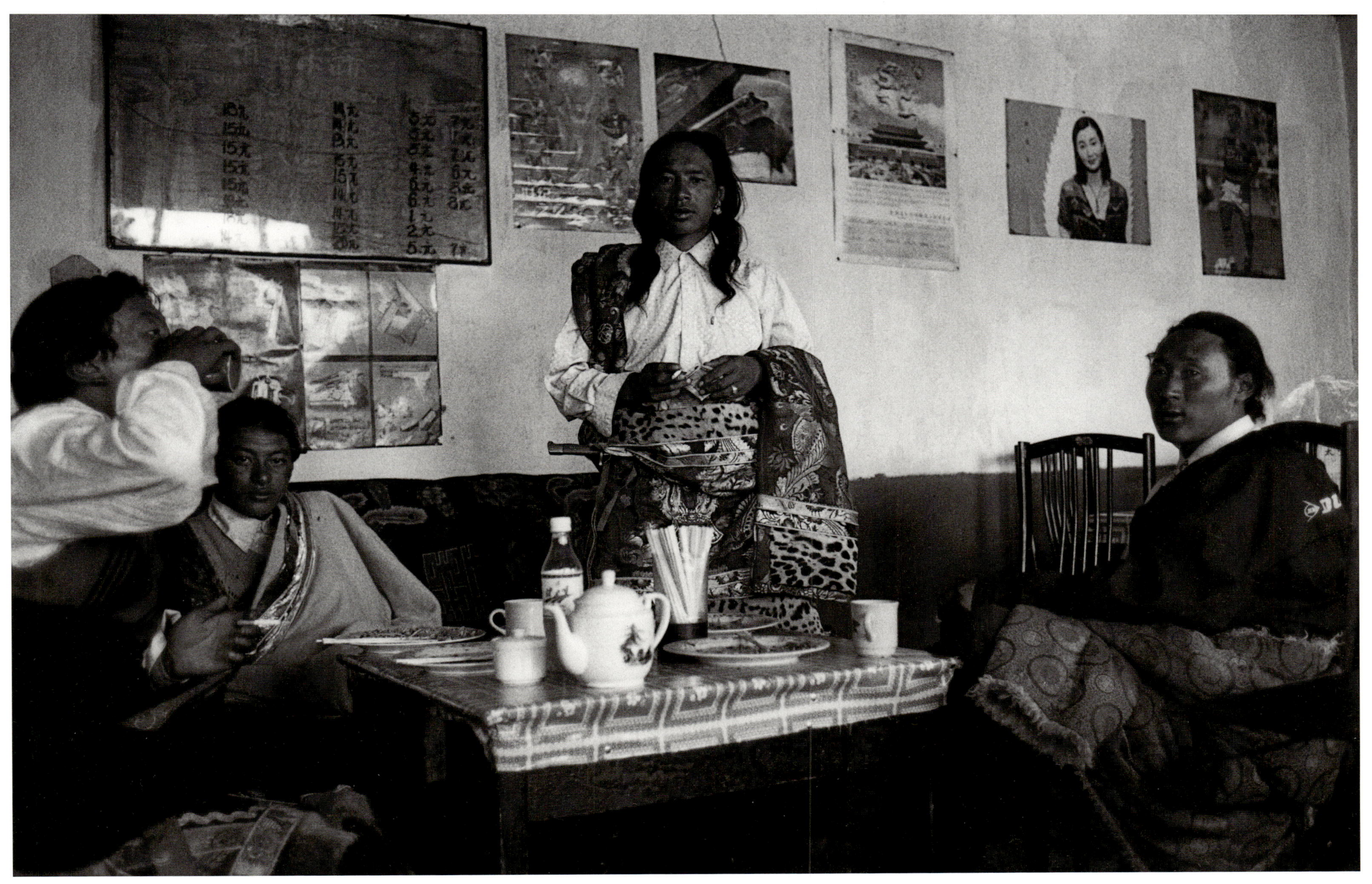

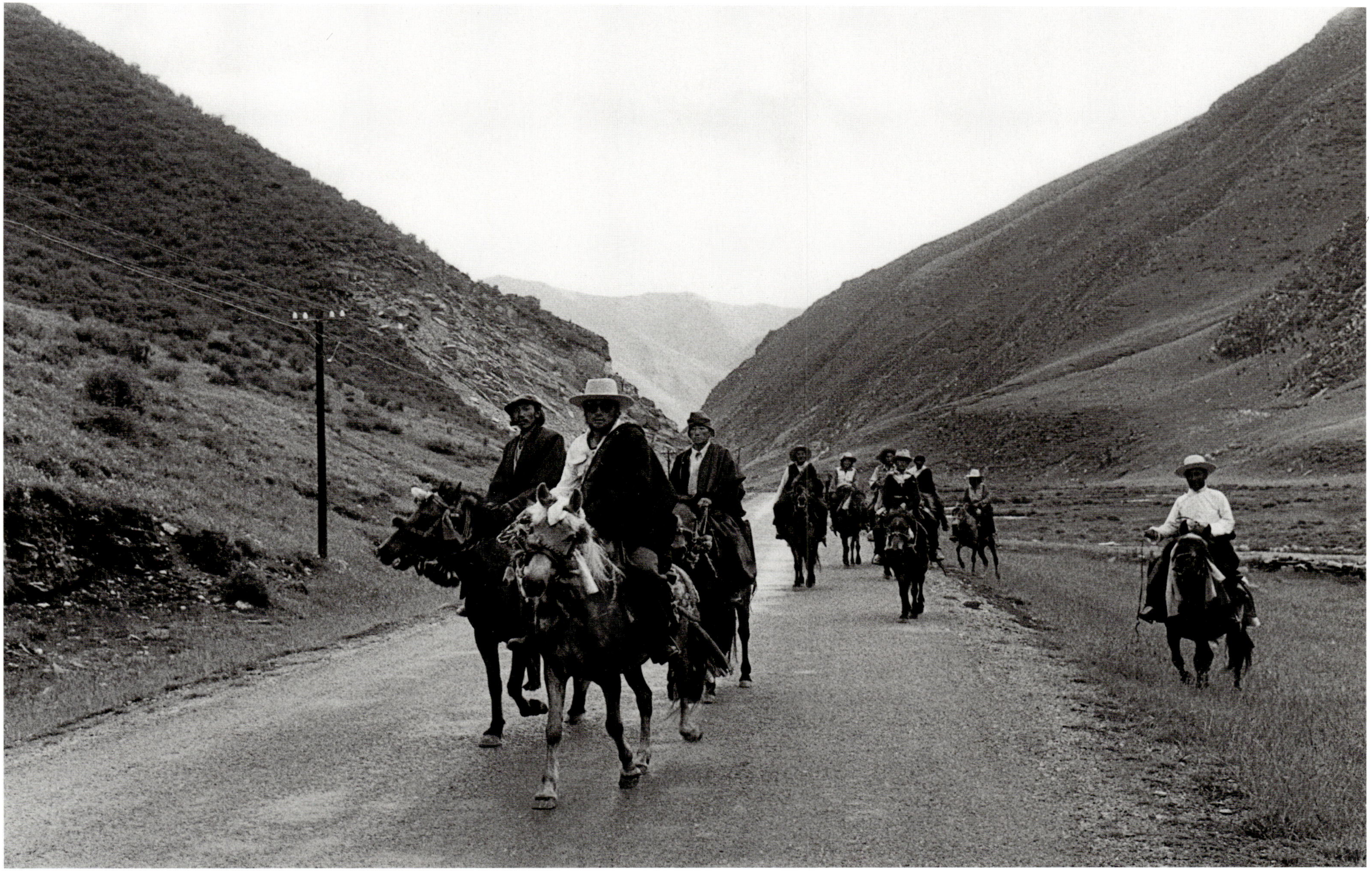

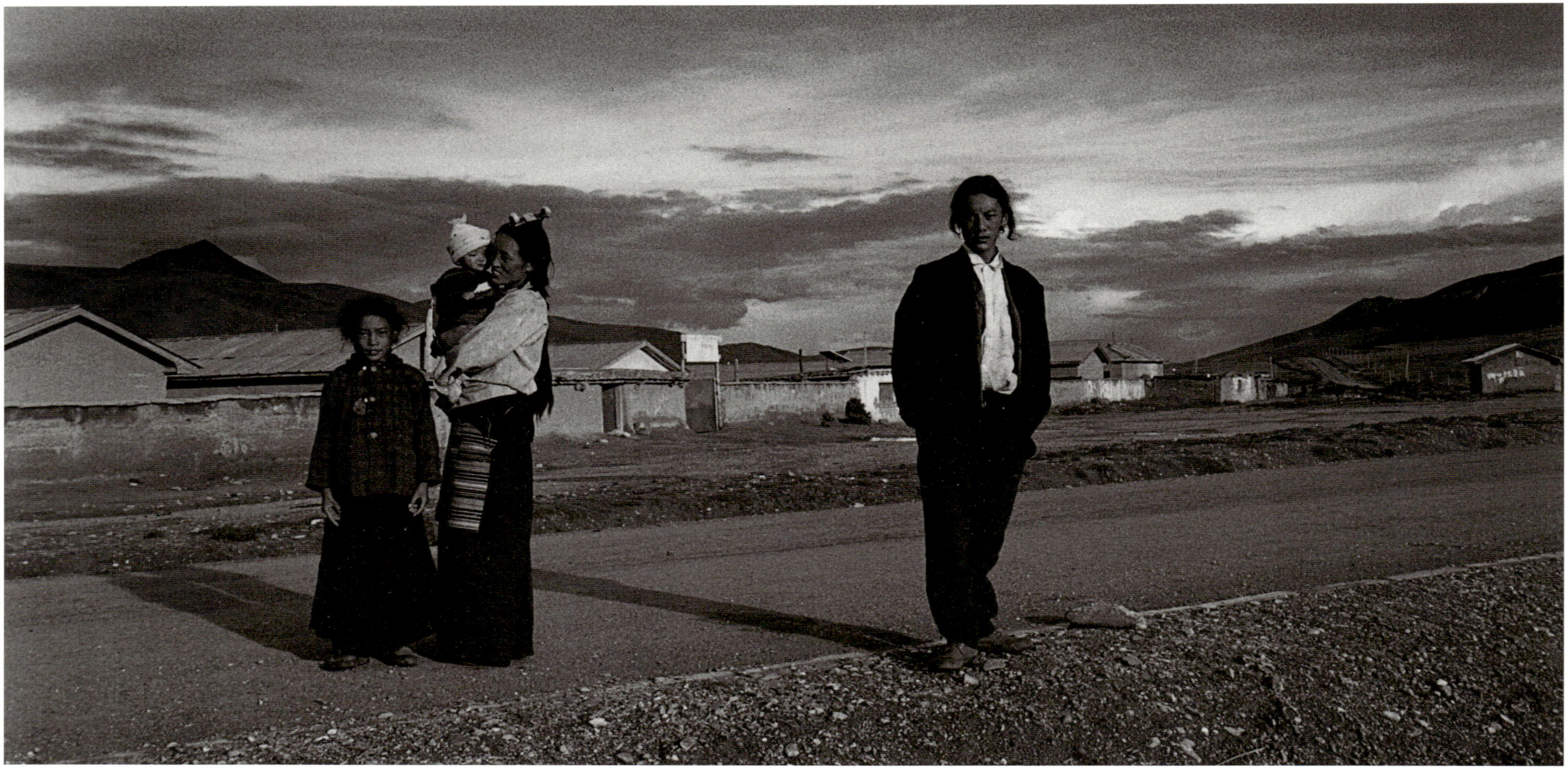

154

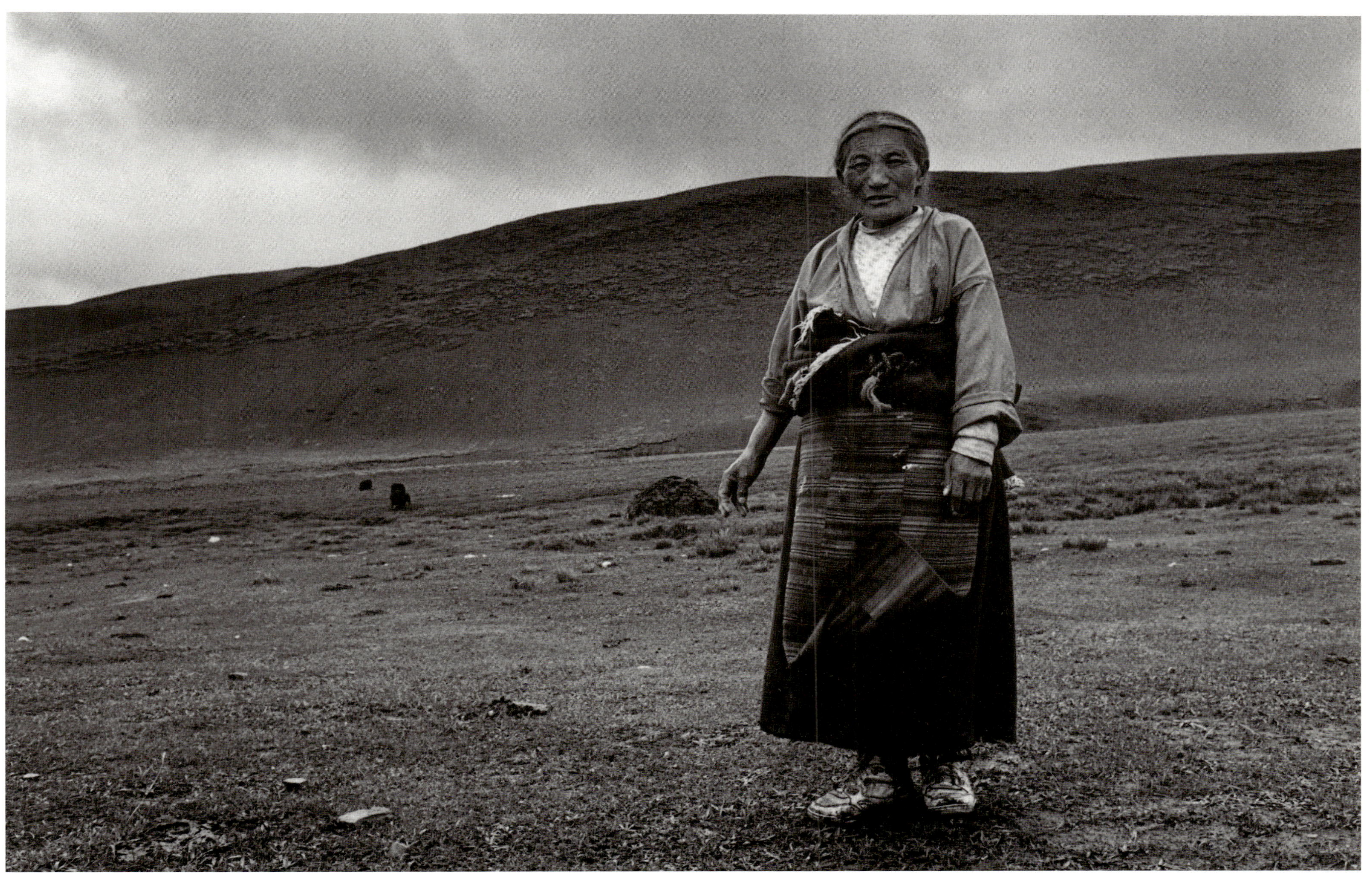

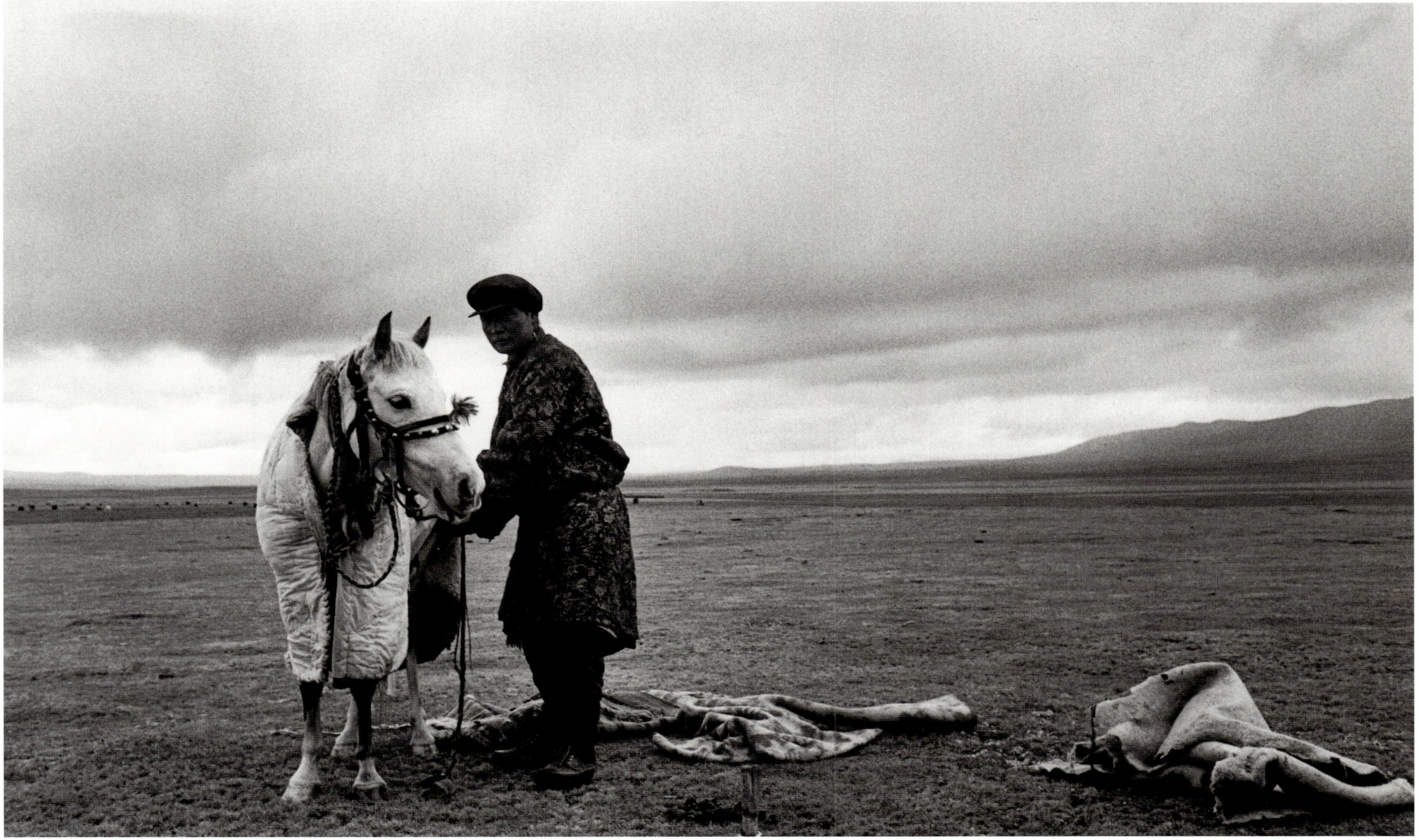

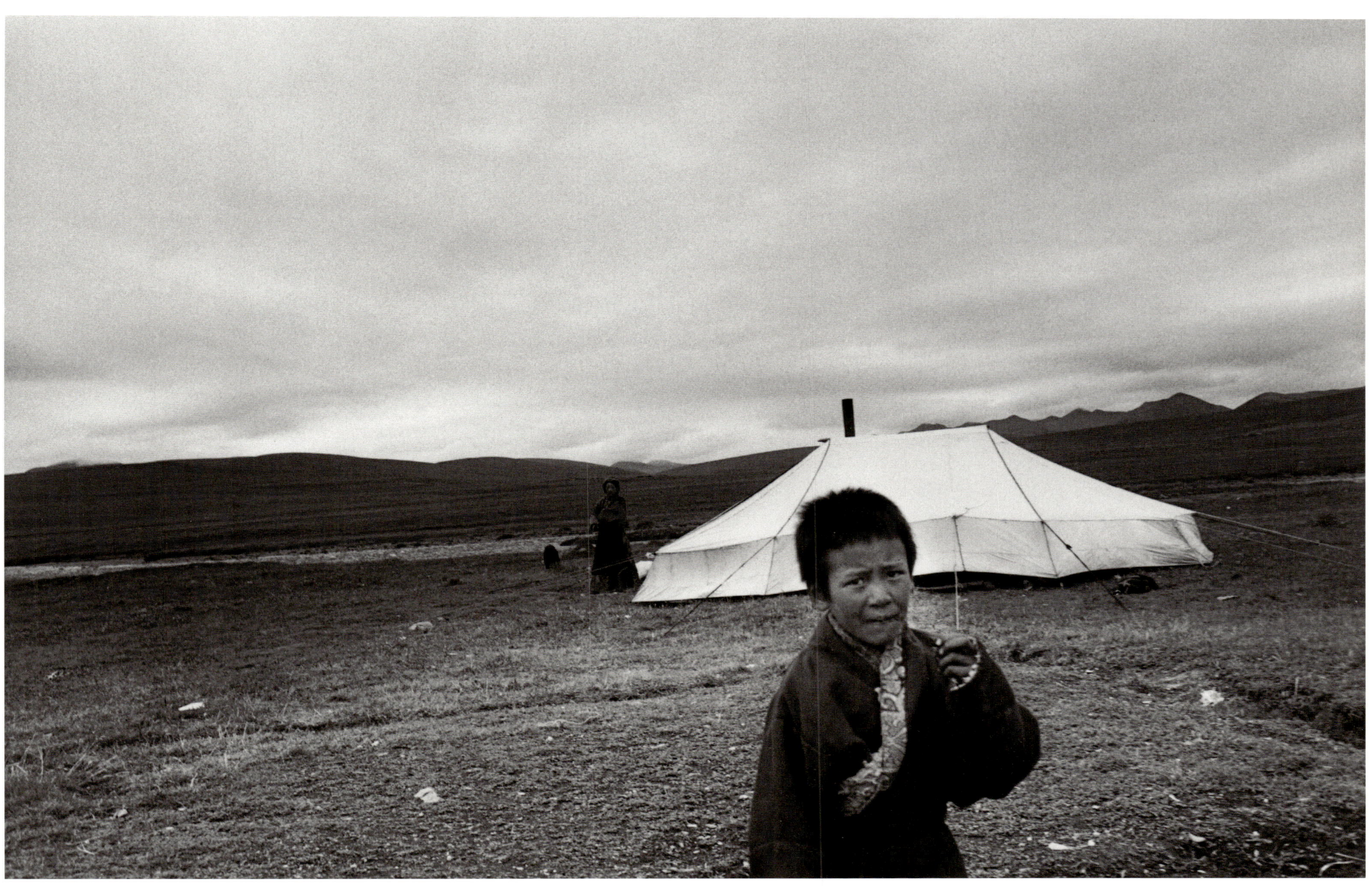

Nelle solitarie pietraie tra le montagne vi è uno strano mercato:
puoi barattarvi il vortice della vita per una beatitudine senza confini.

In the solitary stone quarries among the mountains, there is a strange market:
here you can trade the vortex of life for boundless beatitude.

Milarepa (poeta, eremita e mistico tibetano / Tibetan poet, hermit, and mystic)

IV

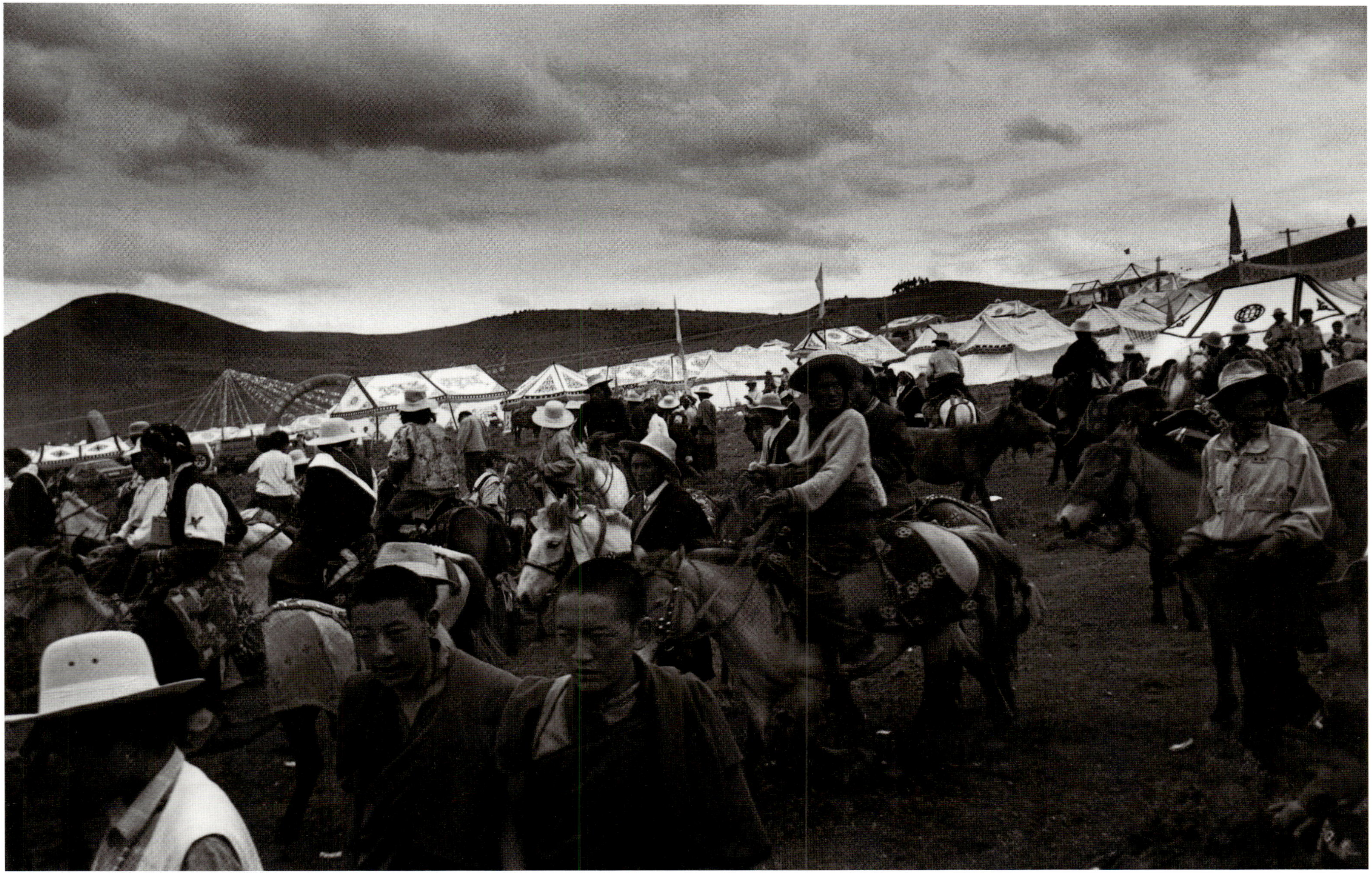

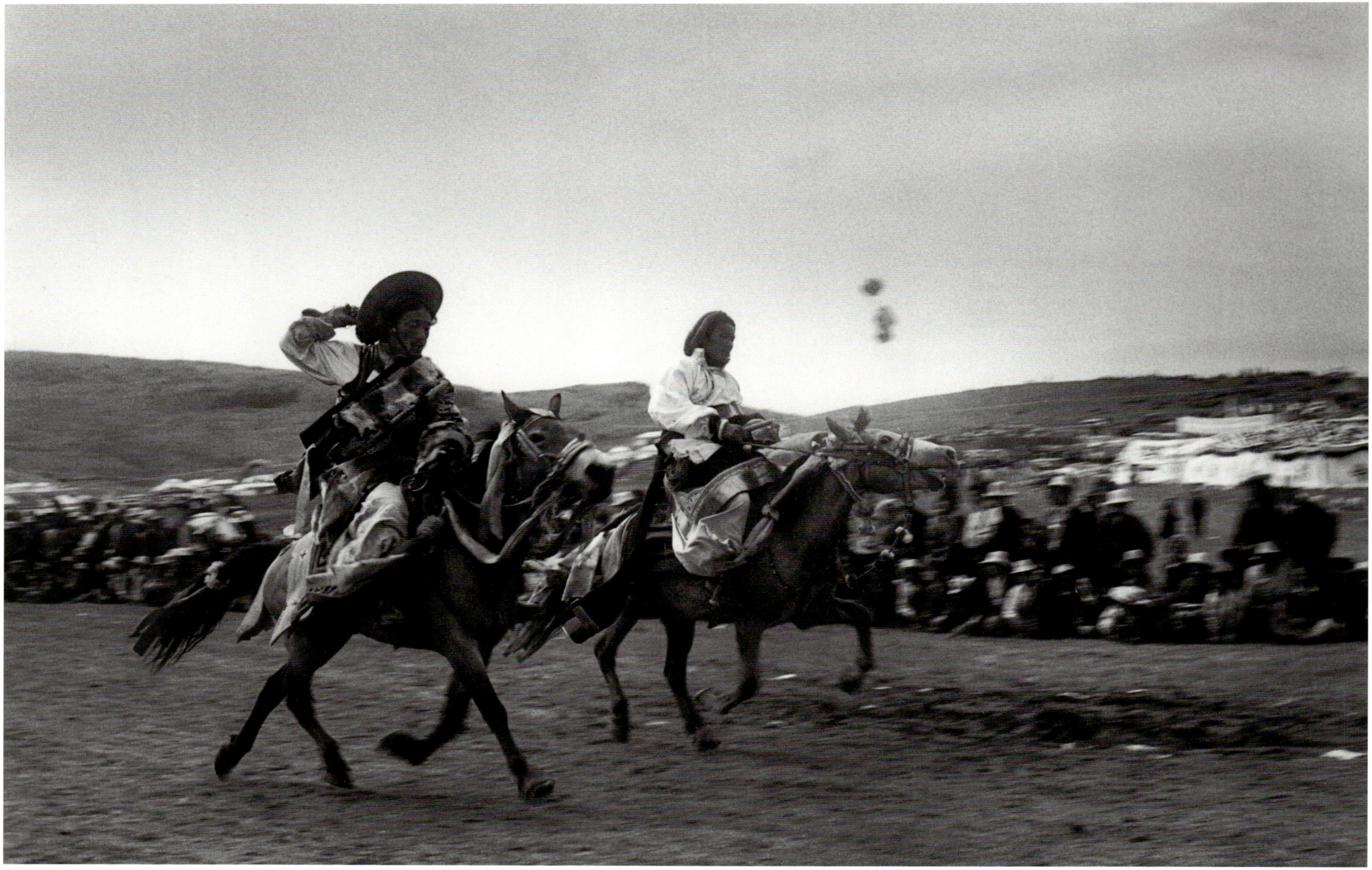

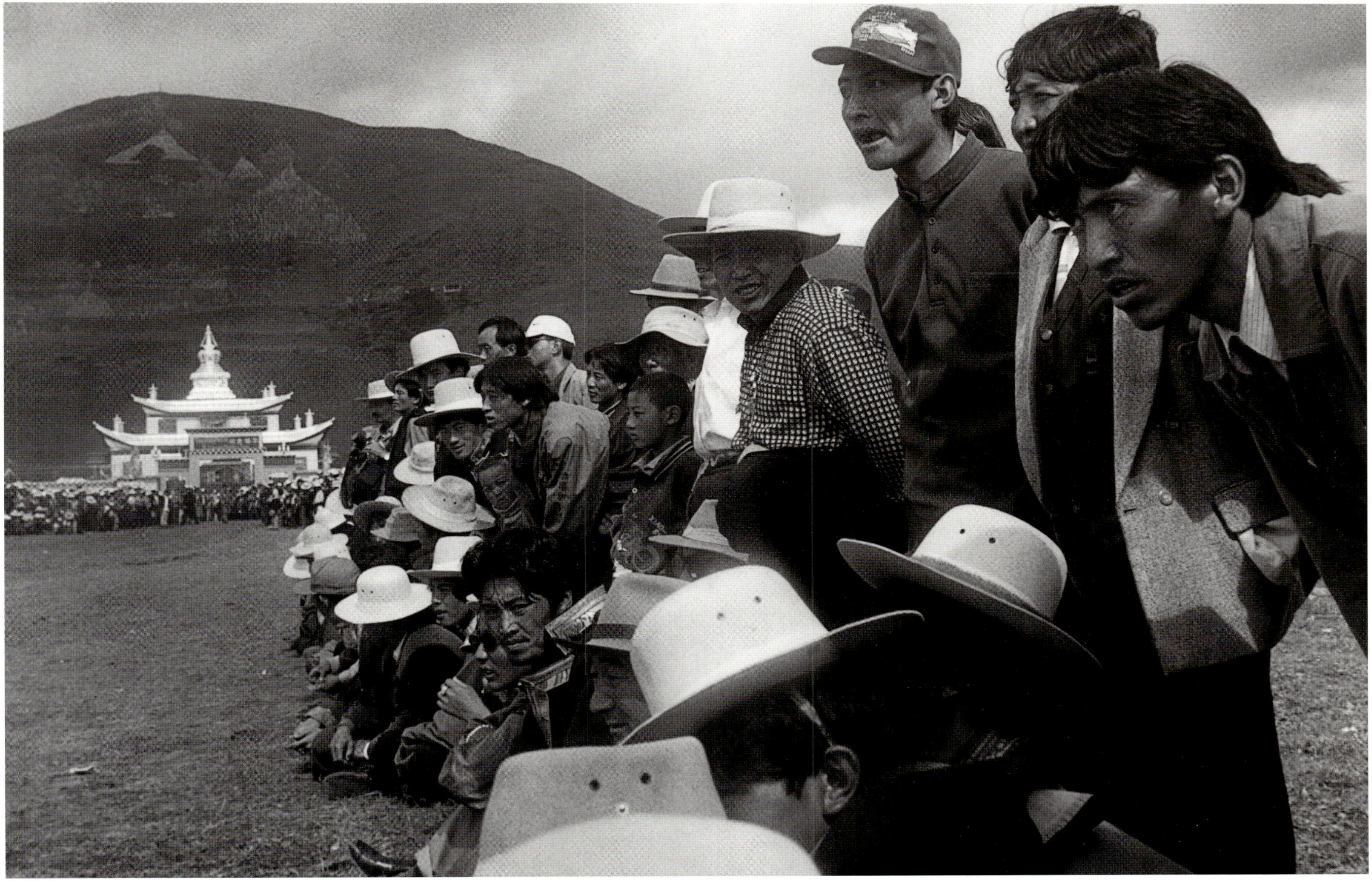

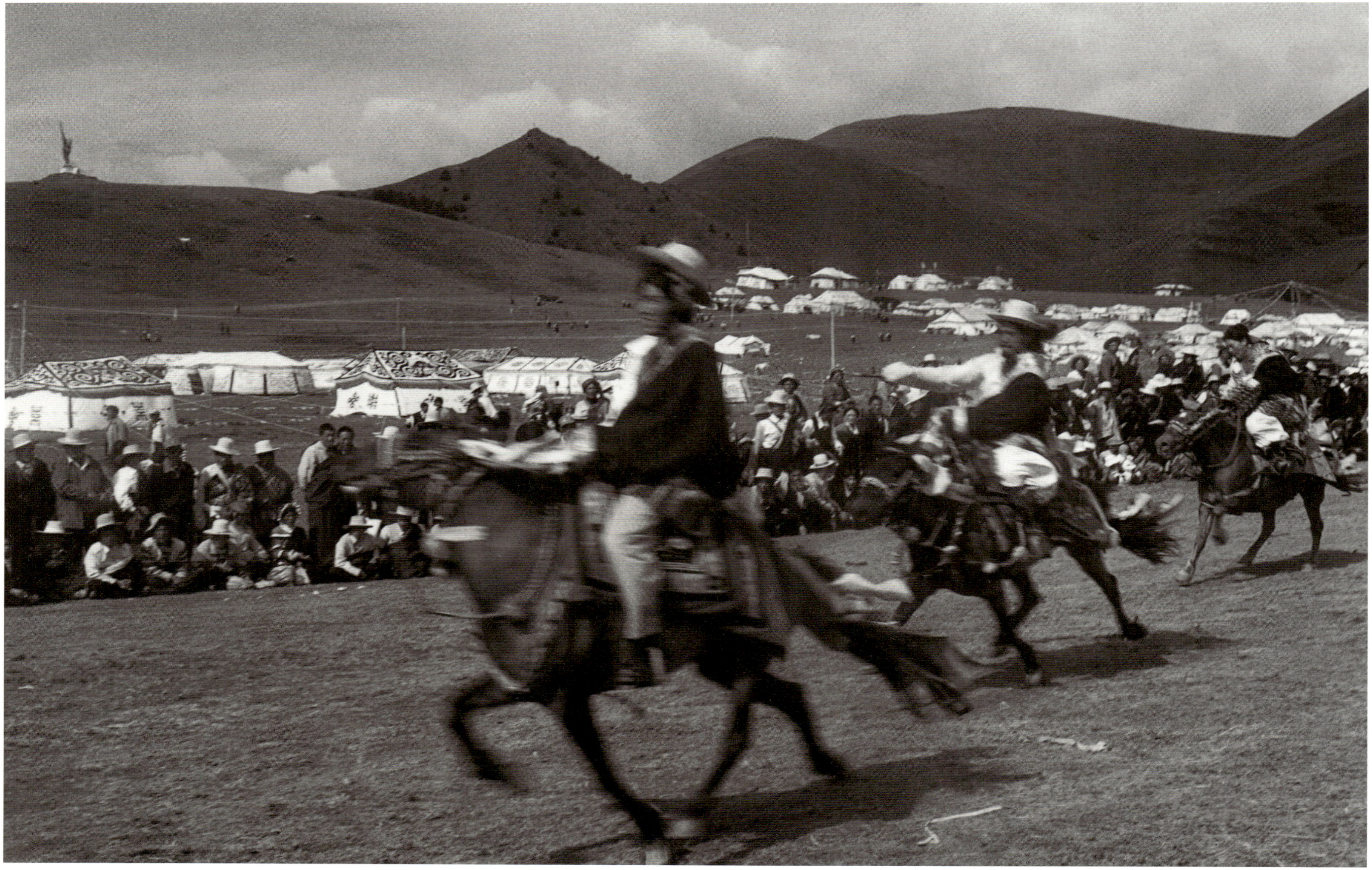

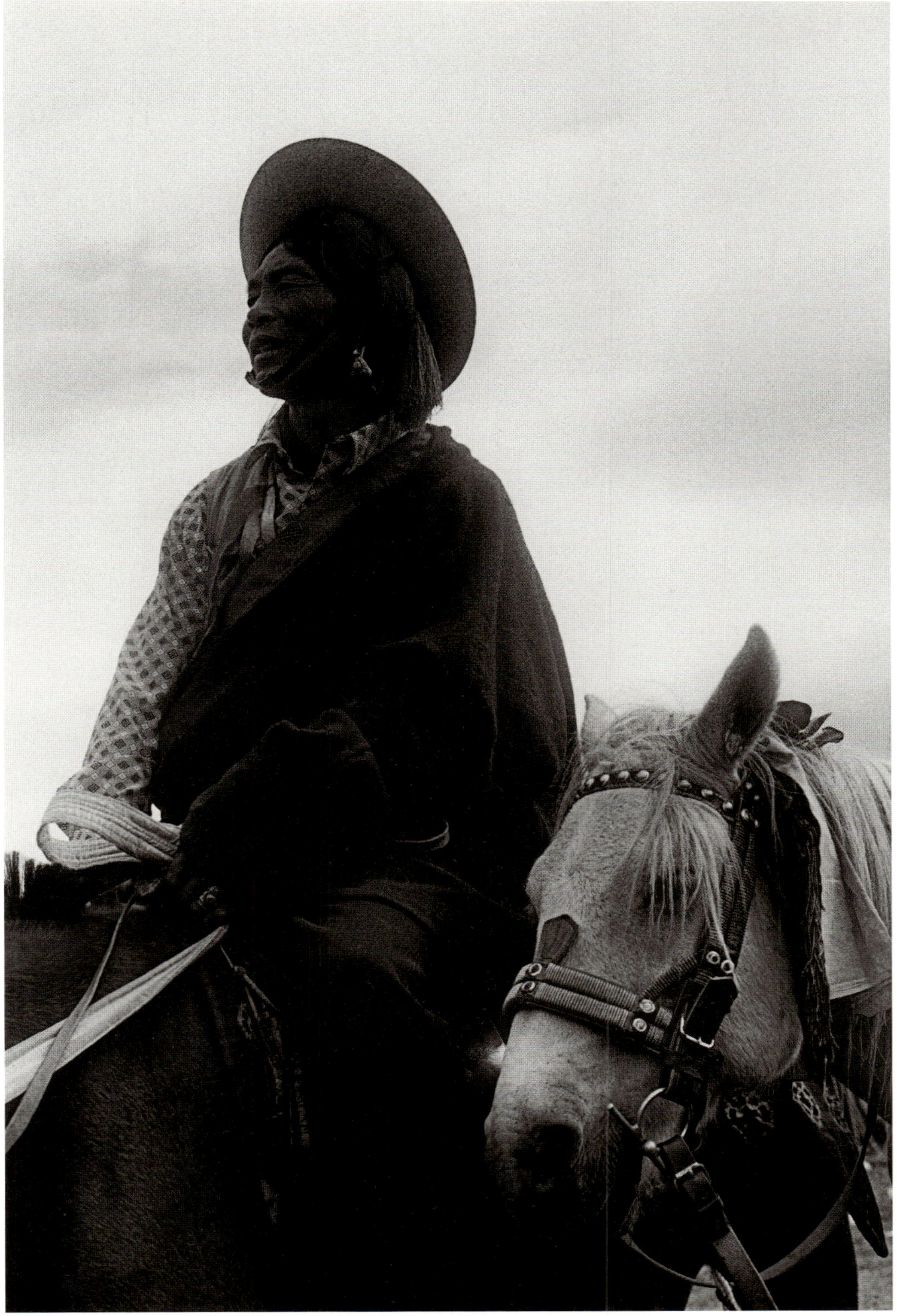

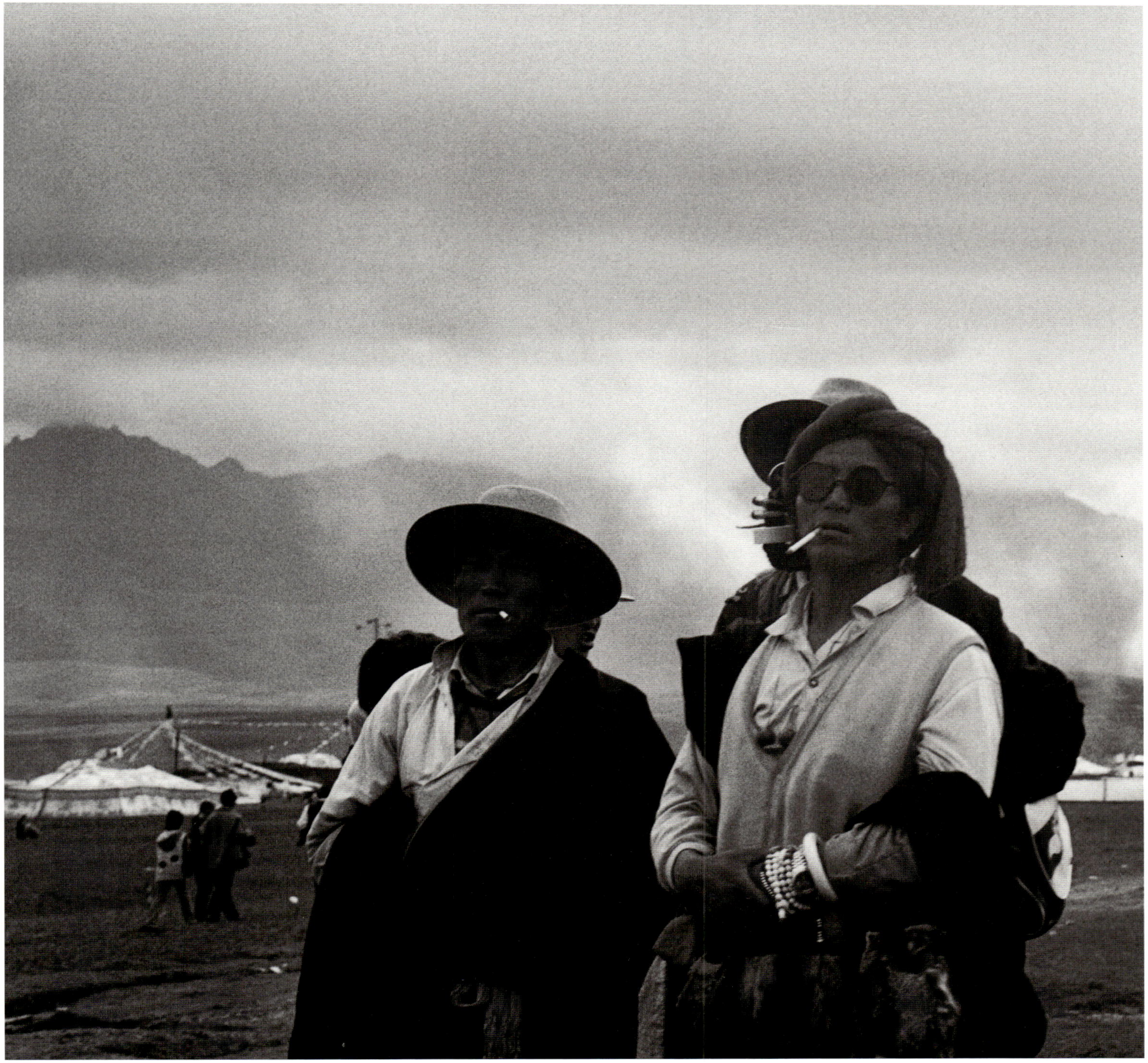

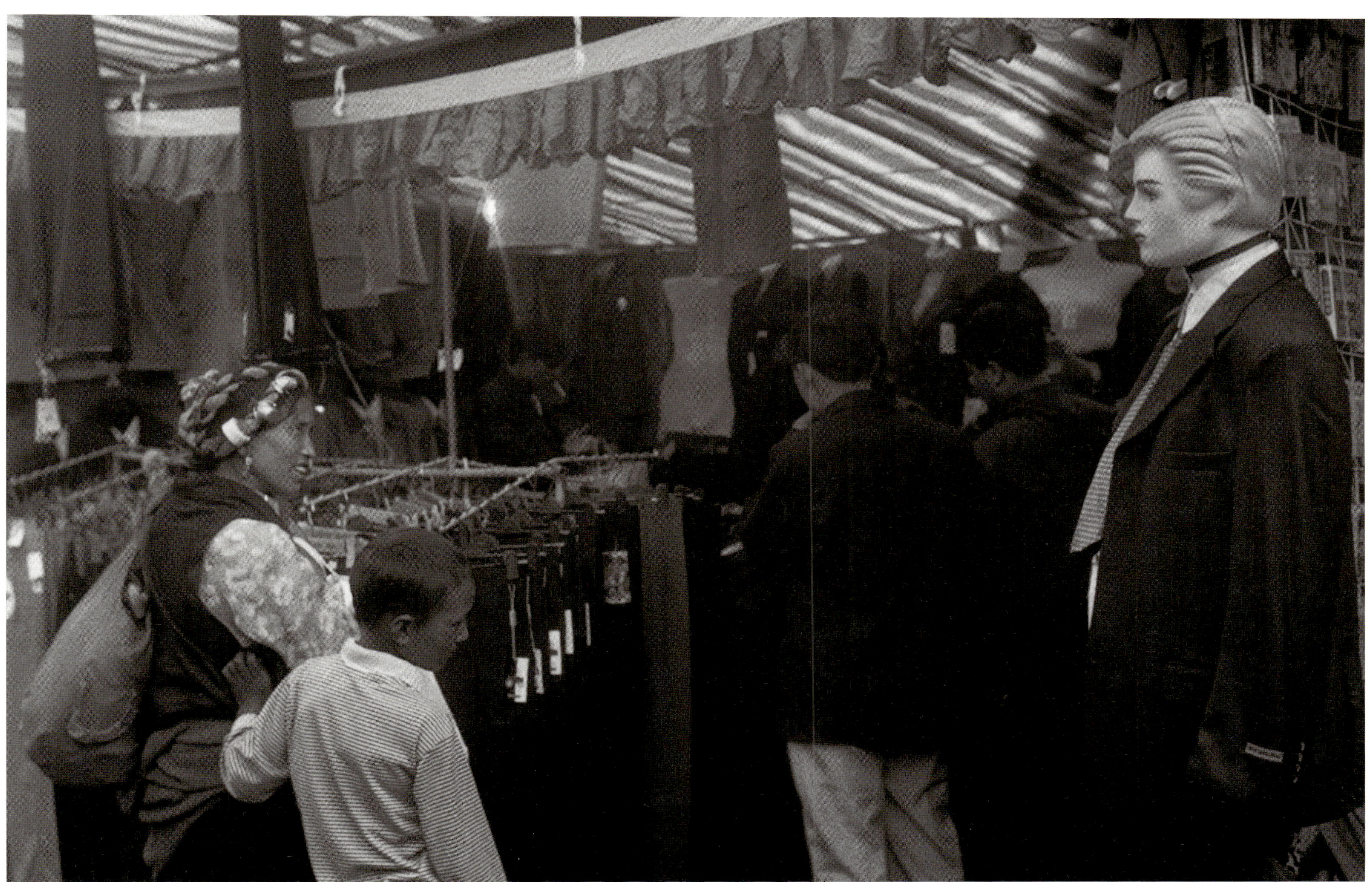

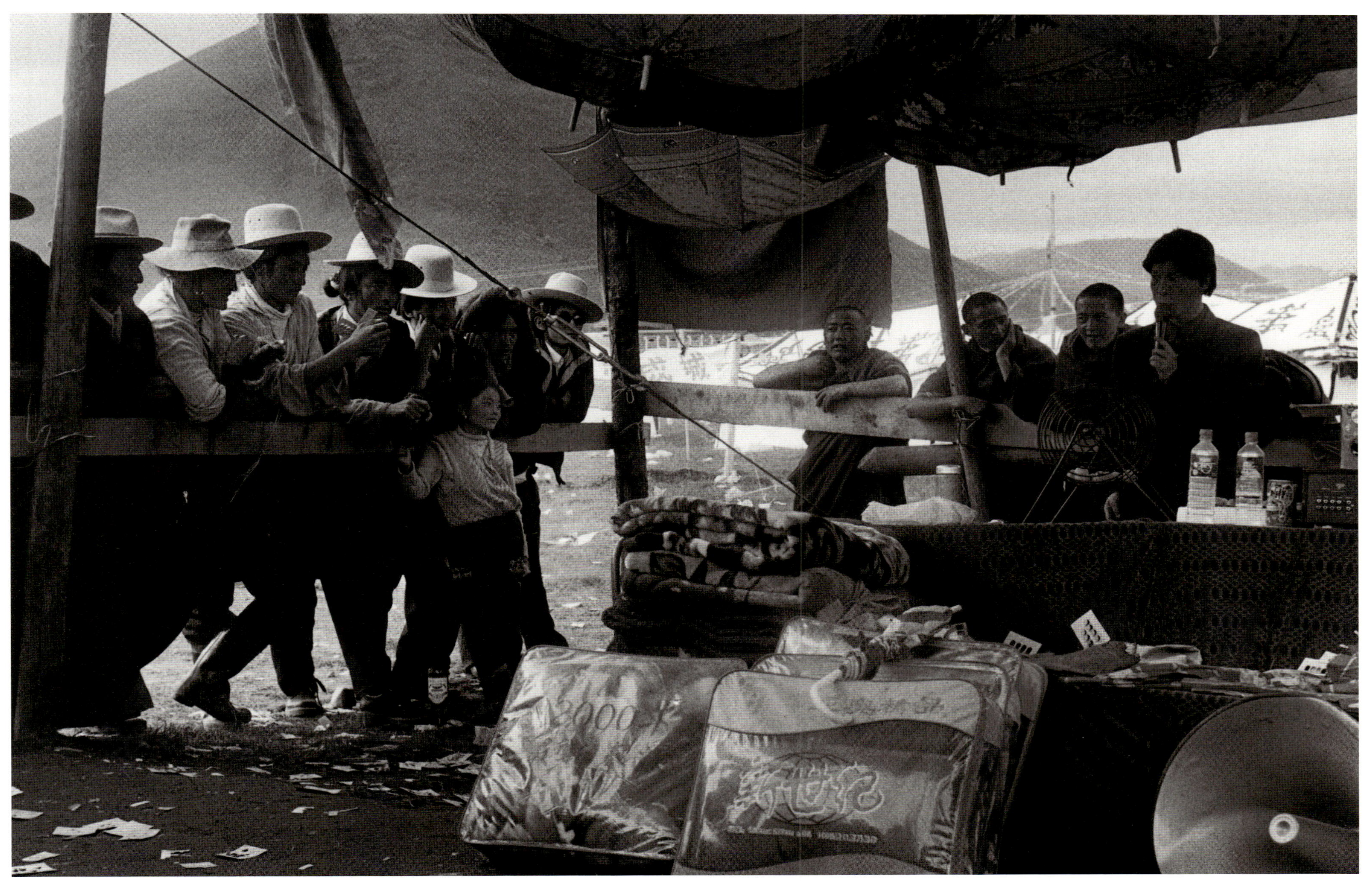

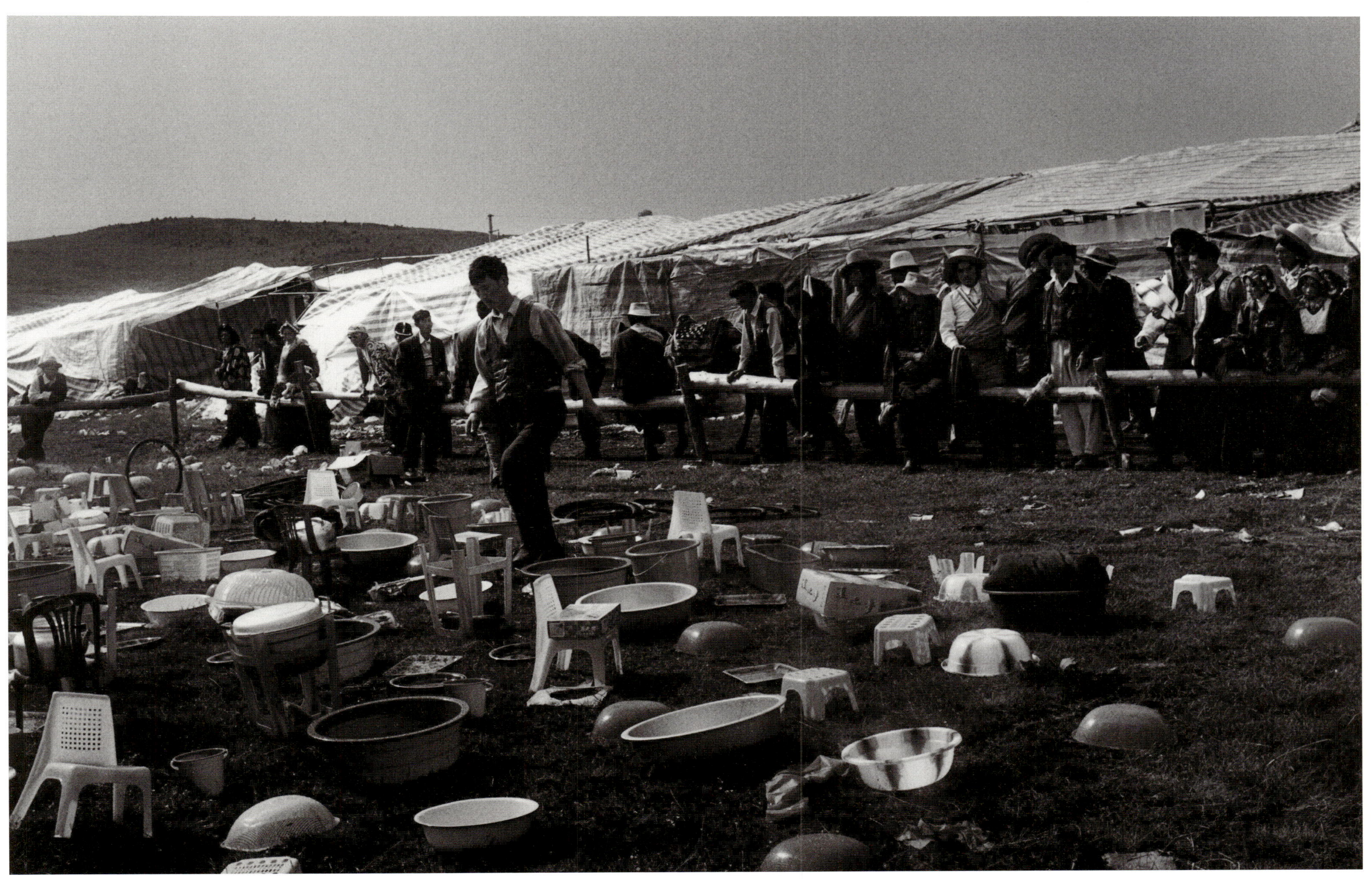

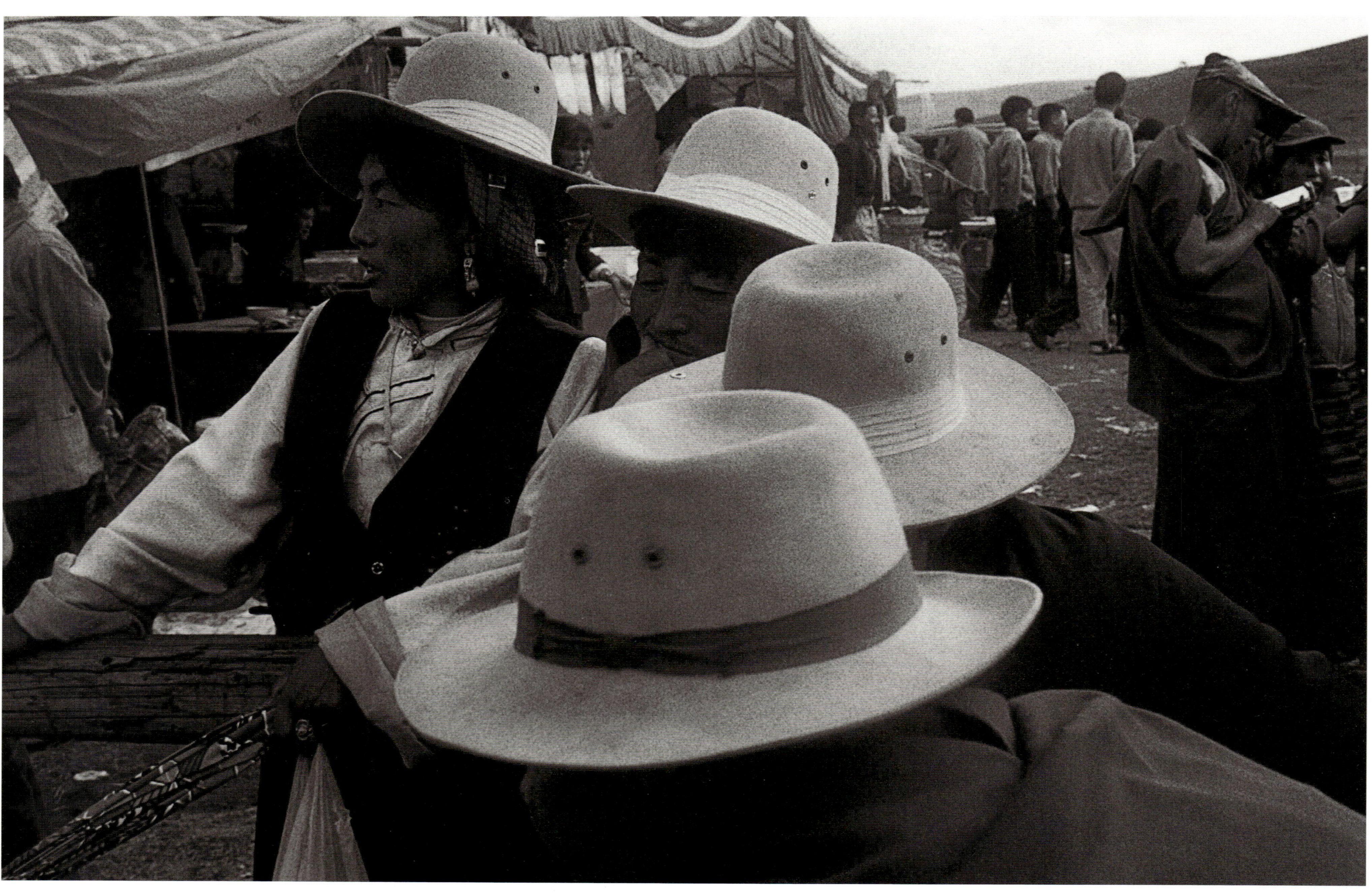

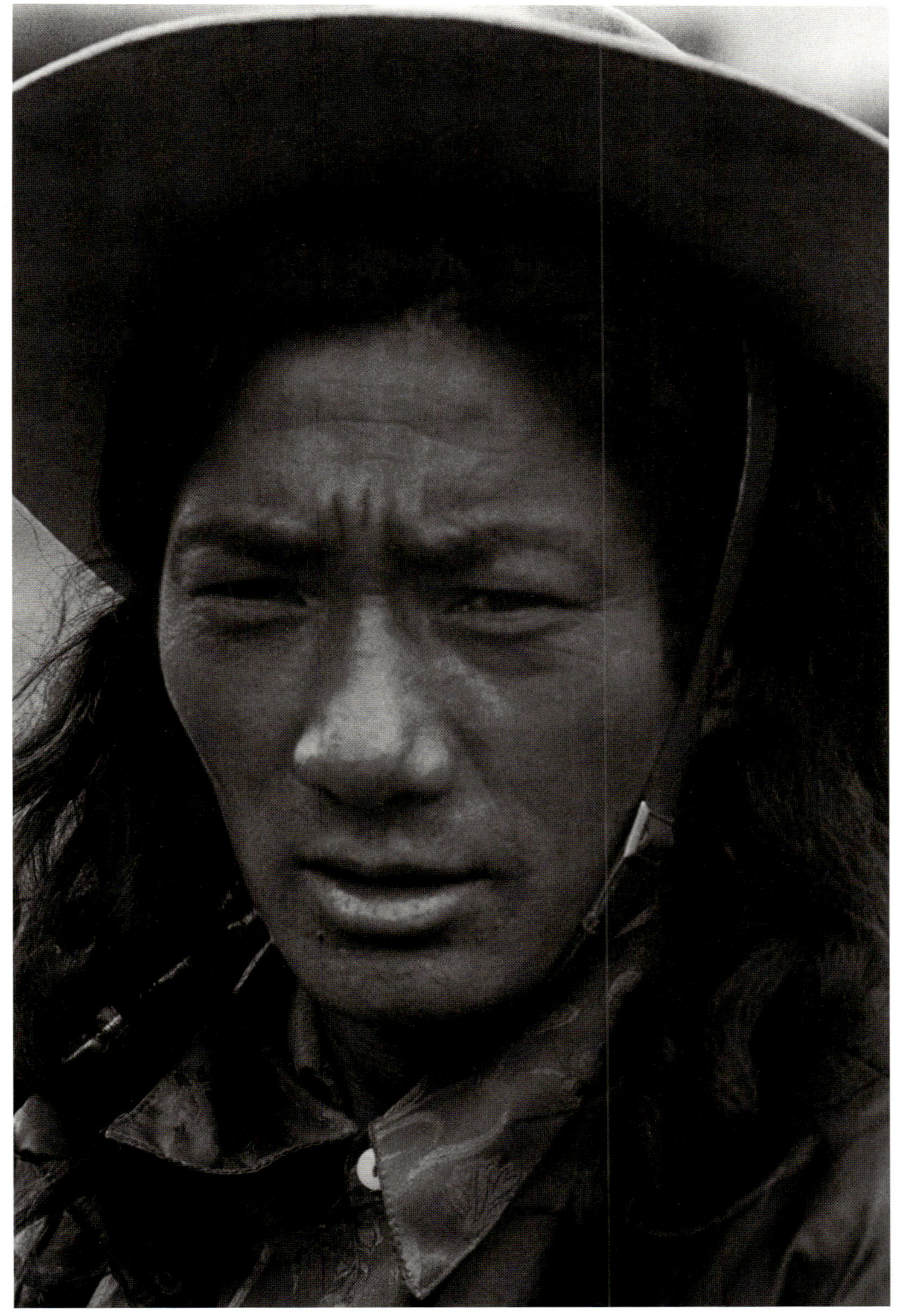

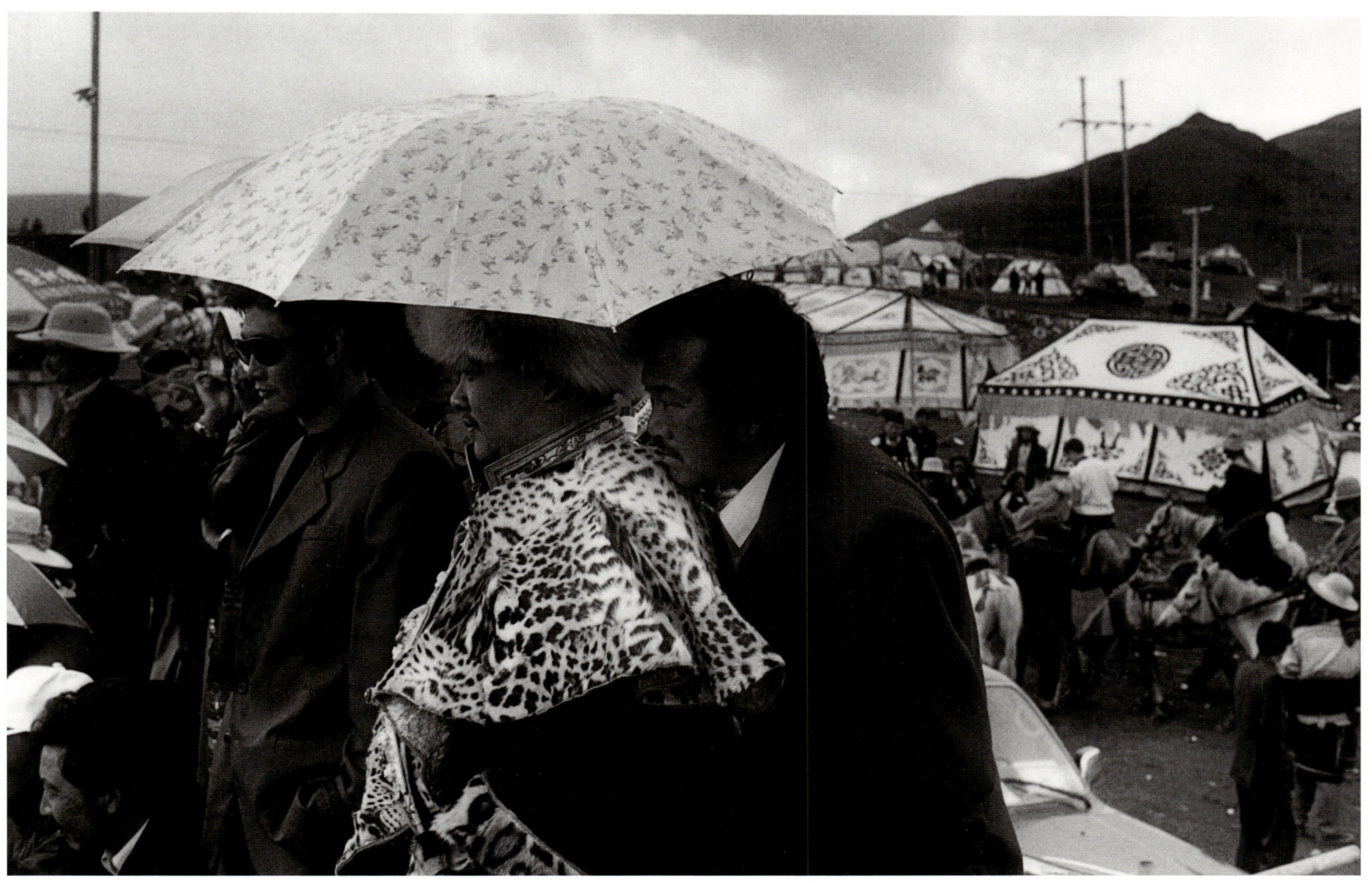

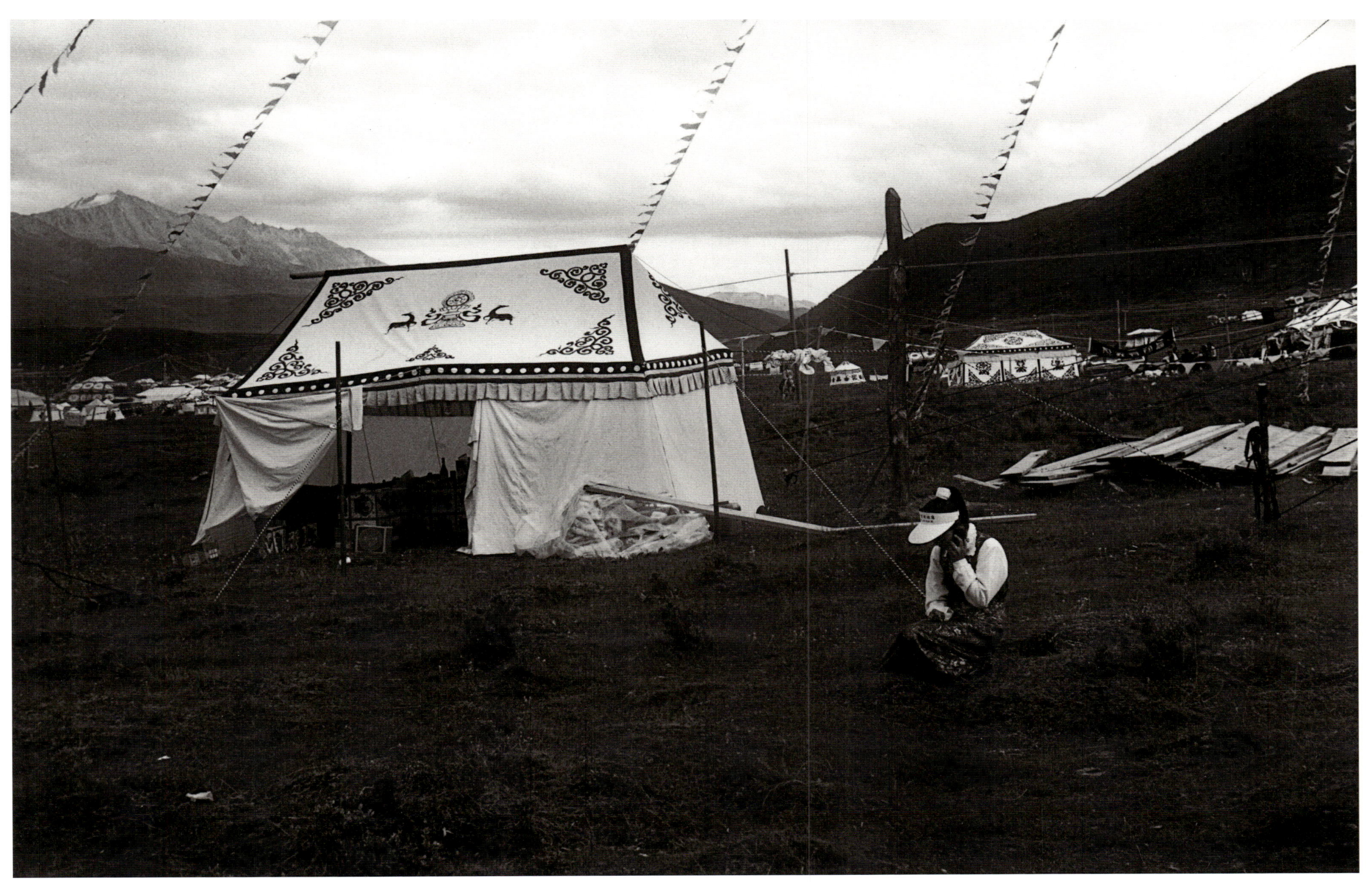

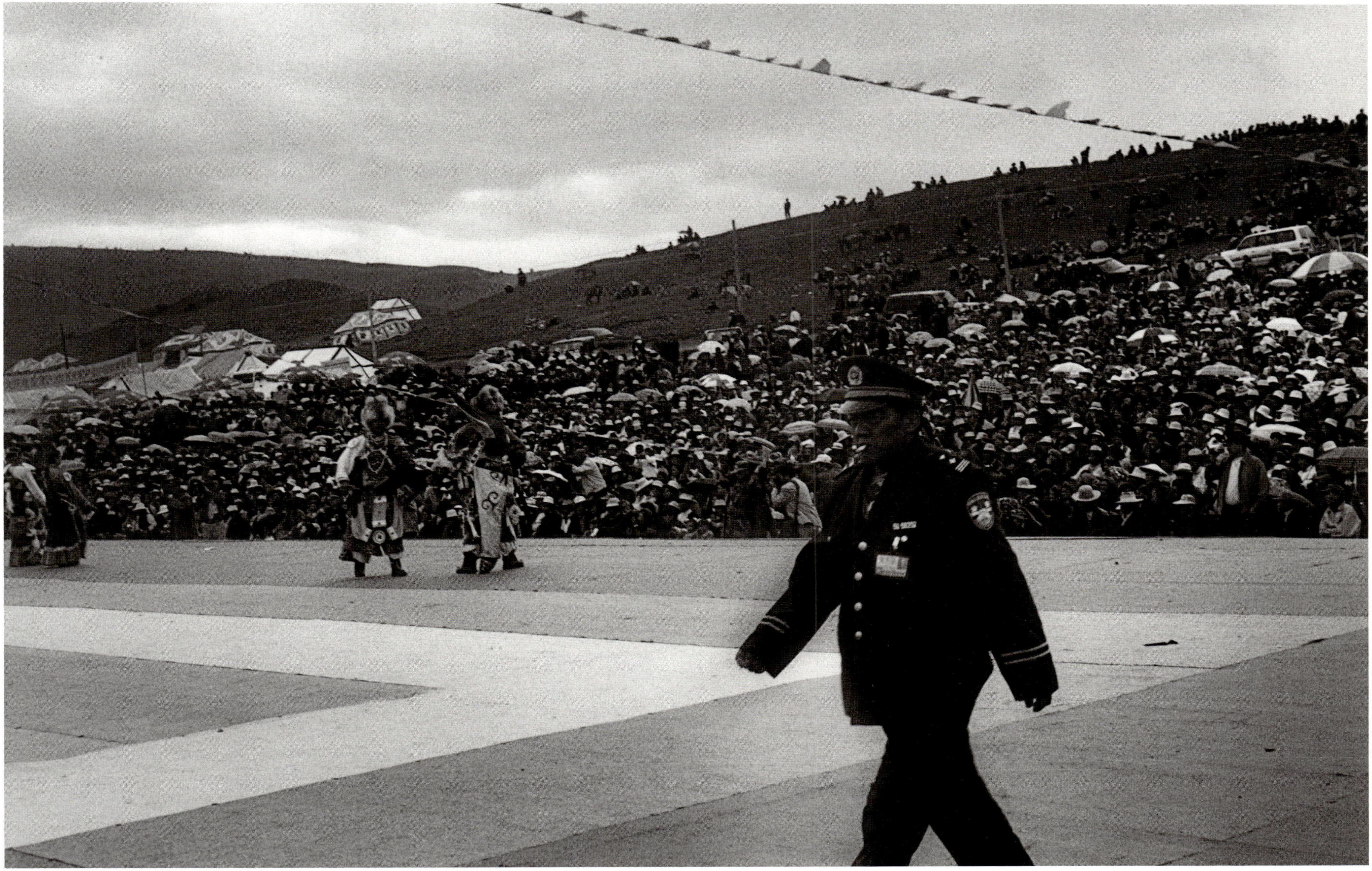

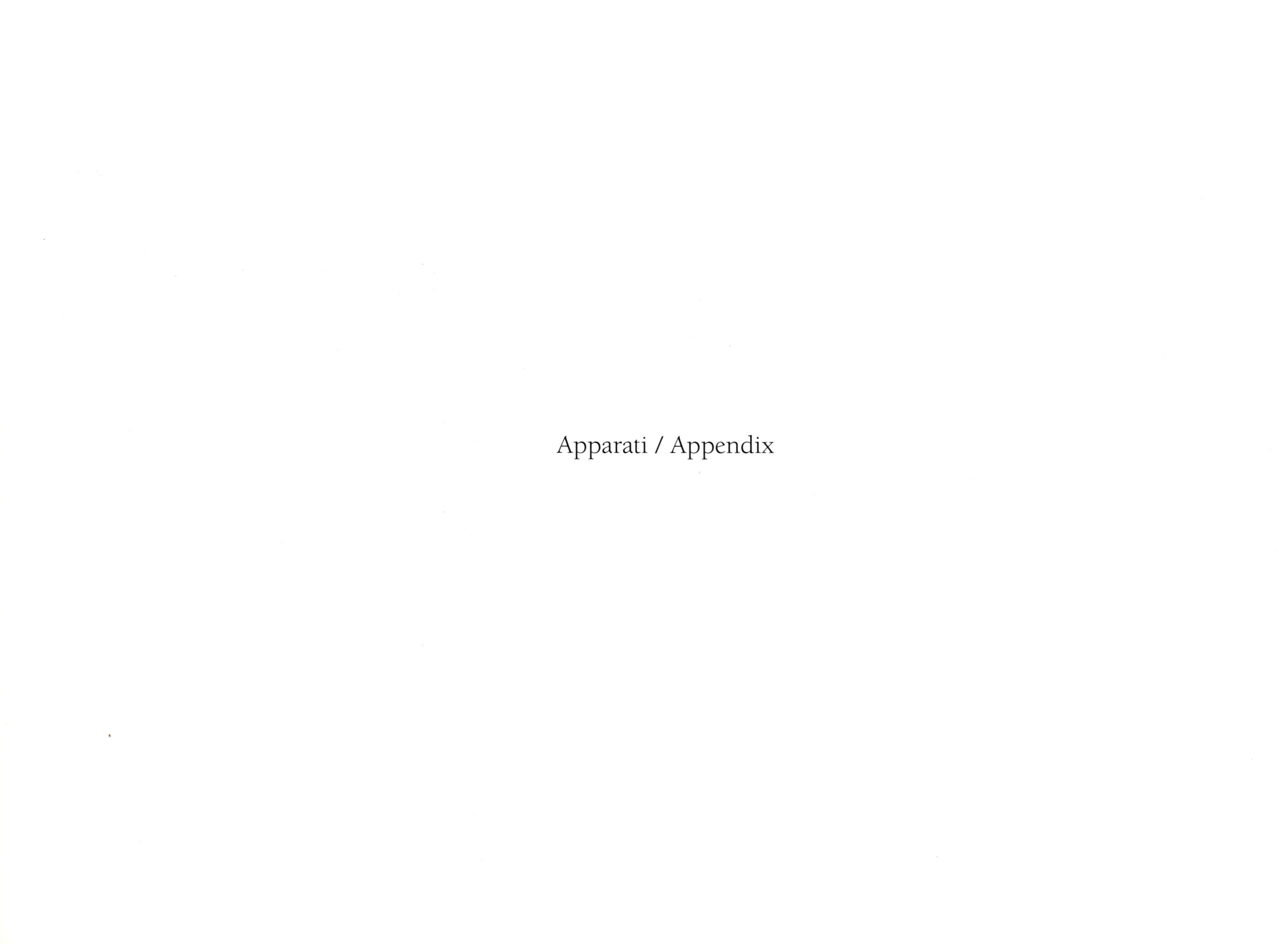

Apparati / Appendix

Nota: *Ch.* indica la denominazione cinese del luogo espresso in tibetano.

Note: *Ch.* stands for "Chinese." The Chinese name of the place expressed in Tibetan is indicated in parentheses.

Le fotografie sono state realizzate con una Leica M5 a telemetro.
Ho utilizzato prevalentemente le ottiche 35mm (Summicron 1:2) e 50 mm (Summilux 1:1.4).
Le pellicole b/n utilizzate sono soprattutto le Ilford FP4 e Ilford HP5, sviluppate al nominale.
La stampa manuale in bianco e nero è stata effettuata su carta Ilford multigrade a tono caldo.

The photographs were taken with a Leica M5.
I mainly used 35mm (Summicron 1: 2) and 50 mm (Summilux 1:1.4) lenses.
The b/w film was mainly Ilford FP4 and Ilford HP5, developed normally.
The hand printing in b/w was done on warm-tone Ilford Multigrade paper.

I

Pellegrini compiono la circoambulazione rituale (kora) del Gyanak Mani, il più grande circuito di pietre incise con iscrizioni sacre (mantra di Avalokiteshvara) del Tibet, Jyekundo (Ch. Yushu) / Pilgrims perform the ritual circumambulation (kora) of the Gyanak Mani, the largest circuit of stones carved with sacred inscriptions (Avalokiteshvara mantra) in Tibet, Jyekundo (Ch. Yushu)
Kham, 2000
p. 29

Monastero di Hemis / Hemis Monastery
Ladakh, India, 1998
p. 31

Pellegrini compiono la circoambulazione (kora) / Pilgrims performing the circumambulation (kora)
Chakpori, Lhasa, Tibet, 1999
p. 33

Pellegrini, Jhokang, "la cattedrale di Lhasa" / Pilgrims, Jhokang, "the Lhasa cathedral"
Tibet, 1999
p. 35

Repkong (Ch. Tongren)
Amdo, Tibet orientale / eastern Tibet, 2000
p. 37

Monastero di Chamdo (Ch. Qamdo) / Chamdo Monastery (Ch. Qamdo)
Kham, Tibet orientale / eastern Tibet, 1999
p. 39

Monaci effettuano la "cerimonia dell'offerta" (puja), monastero di Chamdo (Ch. Qamdo) / Monks performing the "ceremonial offering" (puja), Chamdo Monastery (Ch. Qamdo)
Kham, Tibet orientale / eastern Tibet, 1999
p. 41

Particolare della rappresentazione di Mahakala, divinità protettrice degli insegnamenti buddisti, cappella tantrica del monastero di Drango (Ch. Luhuo) / Representative detail of Mahakala, goddess and protectress of Buddhist teachings, Drango Monastery tantric chapel (Ch. Luhuo)
Kham, Tibet orientale / eastern Tibet, 2000
p. 43

Monaco Gelupka ("l'ordine dei Virtuosi"), Monastero di Sershul (Ch. Serxu) / Gelupka monk ("the order of the virtuous"), Sershul Monastery (Ch. Serxu)
Kham, Tibet orientale / eastern Tibet, 2000
p. 45

Interno di tempio Gelupka, Repkong (Ch. Tongren) / Gelupka temple interior, Repkong (Ch. Tongren)
Amdo, Tibet orientale / eastern Tibet, 2000
p. 47

Monaci escono dal tempio dopo la cerimonia della puja, Kumbum Jampaling (Ch. Taersi) / Monks exiting a temple after the puja ceremony, Kumbum Jampaling (Ch. Taersi)
Qinghai, Tibet orientale/ eastern Tibet, 2000
p. 49

Mahakala, divinità protettrice della dottrina buddista (dharmapala), Repkong (Ch. Tongren) / Mahakala, goddess and protectress of Buddhist doctrine (dharmapala), Repkong (Ch. Tongren)
Amdo, Tibet orientale, / eastern Tibet, 2000
p. 51

Monaco si rivolge ai pellegrini con il gesto della mano dell'argomentazione (vitarka mudra) / Monk addresses pilgrims in order to discuss and disseminate Buddhist teachings (vitarka mudra)
Jhokang, Lhasa, Tibet, 1999
p. 52

Interno di tempio, sulla sinistra statua del Bhudda Shakyamuni (il Bhudda "storico"), sulla destra statue di importanti lama Gelupka indicanti il gesto dell'argomentazione (vitarka mudra), Repkong (Ch. Tongren) / Temple interior, on the left: statues of Bhudda Shakyamuni (the "historical" Bhudda); on the right: statues of important Gelupka lamas indicative of the teaching gesture (vitarka mudra), Repkong (Ch. Tongren)
Amdo, Tibet orientale 2000
p. 53

La Ruota del Dharma, simbolo della dottrina buddista. Secondo la tradizione, i due daini rappresentano i primi discepoli buddisti. Monastero di Lamayuru / The Dharma Wheel, symbol of Buddhist doctrine. According to tradition, the two fallow deer represent the first Buddhist disciples. Lamayuru Monastery
Ladakh, India, 1998
p. 55

Labrang (Ch. Xiahe)
Amdo, Tibet orientale / eastern Tibet, 2000
p. 57

Parco del Norbulingka, la residenza estiva dei Dalai Lama / Norbulingka Park, the Dalai Lama's summer residence
Lhasa, Tibet, 1999
p. 59

Pellegrini, Mato (Ch. Madoi) / Pilgrims, Mato (Ch. Madoi)
Amdo, Tibet orientale / eastern Tibet, 2000
p. 61

Lamaseria di Labrang (Ch. Xiahe) / Labrang Lamasery (Ch. Xiahe)
Amdo, Tibet orientale, 2000
p. 63

Biografia

Giuseppe Ripa, nato nel 1962 a Ragusa in Sicilia, frequenta il Liceo Classico di Rovereto (Trento) e si laurea in Economia e Commercio presso l'Università Bocconi di Milano.
Viaggiatore e fotografo, inizia a fotografare a metà degli anni Ottanta dedicandosi a reportage di viaggio, in bianco e nero e a colore, riguardanti l'Europa, l'Africa (in particolare l'area Sahariana) e l'Asia.
I suoi lavori si caratterizzano per una non comune capacità espressiva, per rigore formale e spiccato senso compositivo, e per una profonda valenza evocativa di temi quali la memoria, l'identità e il destino dell'uomo.
Nel novembre 1999 realizza la sua prima mostra fotografica, in bianco e nero, dal titolo *Yemen, viaggio nel tempo*, presso Images on the road del Multistore Giovenzana di Milano, curata da Lanfranco Colombo. Il reportage ricorda una società per molti versi ferma al "medioevo islamico" e destinata inesorabilmente a trasformarsi e a scomparire.
Nei mesi di maggio e giugno 2003 espone un reportage, *Il sorriso del Buddha*, sulle antiche capitali reali del Laos, Luang Prabang e Vientiane, presso la galleria Agfa di Milano. All'esotismo affascinante e mai oleografico, naïf e sognante delle immagini a colori, l'autore contrappone un rigoroso ed essenziale bianco e nero, per meglio recuperare la memoria e la sacralità dei luoghi.
Nel giugno del 2003 la ricerca fotografica in bianco e nero, *Memorie di Pietra*, sulle rovine di Angkor, intese come metafora della memoria collettiva e interiore dell'uomo, è in mostra presso lo spazio espositivo della Feltrinelli di Piazza Piemonte a Milano. Il lavoro è recensito dal critico fotografico Roberto Mutti.
Nell'ottobre 2003 a Rovereto espone due lavori, *Memorie di Pietra e Anima Mundi*, presso le sale dell'Auditorium Fausto Melotti del MART (Museo di Arte Moderna di Trento e Rovereto) nell'ambito della *Rassegna internazionale del cinema archeologico*. *Anima Mundi* può considerarsi un viaggio artistico e spirituale alle radici del sacro: il lavoro infatti evidenzia una comune tensione dell'umanità (le fotografie sono state scattate in Europa, America, Asia e Africa) verso il divino. Allo stesso tempo la ricerca sviluppa, in modo suggestivo ed evocativo, temi quali il mistero, la bellezza e la memoria del sacro.
Dal 18 settembre al 12 dicembre 2004 *Anima Mundi*, in una nuova versione, è proposta al Museo Diocesano di Milano. La mostra, curata dal professor Paolo Biscottini, direttore del Museo Diocesano, è prorogata, per consenso di pubblico e critica, fino al 31 gennaio 2005.
Nel settembre 2004, l'editore milanese Charta pubblica, in versione bilingue, il libro fotografico *Anima Mundi*, con testi introduttivi di Paolo Biscottini, Roberto Mutti e dell'autore.
Giuseppe Ripa vive e lavora a Milano.

Biographical Note

Giuseppe Ripa was born in 1962 in Ragusa, Sicily.
He attended the Liceo Classico in Rovereto (Trento) and graduated in Economics and Commerce at the Bocconi University in Milan.
He likes to define himself as a "traveler and photographer." He started taking photographs in the mid-eighties, devoting himself to travel reportage, in black and white and in color, concerning Europe, Africa (particularly the Sahara area), and Asia.
His work is characterized by an uncommon expressivness, formal rigor, a remarkable feeling for composition, and a profound ability to evoke themes such as memory, identity, and the destiny of mankind.
In November 1999 he presented *Yemen, viaggio nel tempo*, his first exhibition of black and white photography, at Images on the Road at Multistore Giovenzana Milan, curated by Lanfranco Colombo. This reportage chronicles a society in many ways embedded in medieval Islamic culture and inexorably destined to change and disappear.
In May and June of 2003 he exhibited *Il sorriso del Buddha* at the Agfa Gallery in Milan, a photographic series on the former royal capitals of Laos, Luang Prabang, and Vientiane. The fascinating exoticism of the color pictures, naive and dreamy though never oleographic, is set against a rigorous, essential black and white in order to better capture the location's memory and sacredness.
In June 2003 at the Feltrinelli exposition space in Piazza Piemonte in Milan he presented *Memorie di Pietra*. A black-and-white photographic investigation devoted to the ruins of Angkor, the work functions as a metaphor for mankind's interior collective memory. Photo critic Roberto Mutti reviewed the exhibition.
In October 2003, during the International Archeological Film Festival, Ripa exhibited two works, *Memorie di Pietra* and *Anima Mundi*, in the Fausto Melotti Auditorium at MART (Museo d'Arte Moderna di Trento e Rovereto) in Rovereto. *Anima Mundi*—which included photographs taken in Europe, America, Asia, and Africa—is an artistic and spiritual journey to the roots of the sacred, revealing humanity's common struggle toward the divine. At the same time, the exploration suggestively and evocatively develops themes such as mystery, beauty, and the memory of the sacred.
From September 18 to December 14, 2004, *Anima Mundi* was presented in a new version at the Diocesan Museum of Milan. The exhibition, curated by Professor Paolo Biscottini, Director of the Diocesan Museum, was extended—at the request of the public and critics—until January 31, 2005.
In September 2004 the Milan-based publisher Charta released the photography monograph *Anima Mundi* in a bilingual version, with texts by Paolo Biscottini, Roberto Mutti, and the artist himself.
Giuseppe Ripa lives and works in Milan.

Ringrazio tutti coloro che hanno sostenuto questo progetto.

Mario Magnani, Presidente del Consiglio Regionale della Regione Autonoma del Trentino-Alto Adige Südtirol.

Luis Durnwalder, Presidente della Regione Autonoma Trentino-Alto Adige Südtirol.

Lorenzo Dellai, Vicepresidente della Regione Autonoma Trentino-Alto Adige Südtirol.

Roberto Pinter, Consigliere regionale, Ufficio di Presidenza del Consiglio Regionale della Regione Autonoma del Trentino-Alto Adige Südtirol, che ha sostenuto con competenza ed entusiasmo il progetto.

Giuseppe Liverani, l'editore, per aver seguito di persona la pubblicazione del libro e per i suoi preziosi consigli, Silvia Palombi, responsabile Ufficio Stampa e Arte&Mostre, e tutto lo staff di Charta.

Roberto Mutti, critico, per i consigli e la competenza dei suoi scritti.

Antonella Russo per la curatissima stampa manuale delle fotografie in bianco e nero.

Paolo Gabbana per la preparazione delle cornici.

Edvige Ripa per i suoi utili suggerimenti.

Non ultimi, gli amici, i compagni e gli organizzatori dei viaggi in Tibet e Ladakh: Mutsumi Kono, Enrico e Pierre Manè, Tiziana e Giuseppe Menegazzi, Renato Moro e Daniele Tonani, Alberto Olivo.

Thank you to all those who have supported this project.

Mario Magnani, President of the Regional Council of the Autonomous Region of Trentino-Alto Adige Südtirol.

Luis Durnwalder, President of the Autonomous Region of Trentino-Alto Adige Südtirol.

Lorenzo Dellai, Vice-President of the Autonomous Region of Trentino-Alto Adige Südtirol.

Roberto Pinter, Regional Councilor, Office of the President of the Regional Council of the Autonomous Region of Trentino-Alto Adige Südtirol, who has skillfully and enthusiastically supported this project.

Giuseppe Liverani, the publisher, for having personally followed the publication of this book and for his precious advice; Silvia Palombi, head of the Press Office and Arte&Mostre; and the entire staff at Charta.

Roberto Mutti, critic, for his suggestions and expertise.

Antonella Russo for the highly detailed manual printing of the photos in black and white.

Paolo Gabbana for preparing the frames.

Edvige Ripa for her helpful suggestions.

Last, but not least—friends, companions, and the organizers of my trips to Tibet and Ladakh: Mutsumi Kono, Enrico and Pierre Manè, Tiziana and Giuseppe Menegazzi, Renato Moro and Daniele Tonani, Alberto Olivo.